◎知识产权经典译丛

国家知识产权局专利复审委员会组织编译

适用于计算机领域从业人员的专利法实例

—— 计算机实现的发明的保护方法

[法]丹尼尔·克罗萨　　[英]亚历克斯·加迪纳
[德]福尔克·吉姆萨　　[奥]约尔格·马切克

冯于迎　冯晓玲　胡向莉◎译

图书在版编目（CIP）数据

适用于计算机领域从业人员的专利法实例：计算机实现的发明的保护方法/（法）克罗萨（Closa，D.）等著；冯于迎，冯晓玲，胡向莉译. —北京：知识产权出版社，2016.1（2017.9重印）

（知识产权经典译丛）

书名原文：Patent Law For Computer Scientists

ISBN 978-7-5130-3846-1

Ⅰ.①适… Ⅱ.①克… ②冯… ③冯… ④胡… Ⅲ.①计算机—专利法—案例—世界 Ⅳ.①D913.05

中国版本图书馆 CIP 数据核字（2015）第 244193 号

内容提要

本书从深入介绍专利法律、实践以及相关知识产权入手，对 USPTO、JPO 和 EPO 的特别是以软件或计算机为中心的专利申请流程及处理特点给予讲解，并从商业方法、数据库、图形用户界面和数字版权管理等领域展开案例分析。本书为计算机领域的从业人员进行相关专利申请提供了具有实操行的工作指南。

Translation from English language edition：
Patent Law for Computer Scientists by Daniel Closa, Alex Gardiner, Falk Giemsa and Jörg Machek
Copyright © 2010 Springer Berlin Heidelberg
Springer Berlin Heidelberg is a part of Springer Science + Business Media
All Rights Reserved

策划编辑：	卢海鹰　倪江云		
责任编辑：	卢海鹰	责任校对：	董志英
执行编辑：	可　为	责任出版：	刘译文

知识产权经典译丛
国家知识产权局专利复审委员会组织编译

适用于计算机领域从业人员的专利法实例
——计算机实现的发明的保护方法

［法］丹尼尔·克罗萨　　［英］亚历克斯·加迪纳
［德］福尔克·吉姆萨　　［奥］约尔格·马切克　著
冯于迎　冯晓玲　胡向莉　译

出版发行：知识产权出版社有限责任公司	网　址：http://www.ipph.cn
社　址：北京市海淀区气象路 50 号院	邮　编：100081
责编电话：010-82000860 转 8122	责编邮箱：lueagle@126.com
发行电话：010-82000860 转 8101/8102	发行传真：010-82000893/82005070/82000270
印　刷：北京科信印刷有限公司	经　销：各大网上书店、新华书店及相关专业书店
开　本：720mm×1000mm　1/16	印　张：12.5
版　次：2016 年 1 月第 1 版	印　次：2017 年 9 月第 2 次印刷
字　数：245 千字	定　价：56.00 元
ISBN 978-7-5130-3846-1	
京权图字：01-2015-1123	

出版权专有　侵权必究

如有印装质量问题，本社负责调换。

序

当今世界，经济全球化不断深入，知识经济方兴未艾，创新已然成为引领经济发展和推动社会进步的重要力量，发挥着越来越关键的作用。知识产权作为激励创新的基本保障，发展的重要资源和竞争力的核心要素，受到各方越来越多的重视。

现代知识产权制度发端于西方，迄今已有几百年的历史。在这几百年的发展历程中，西方不仅构筑了坚实的理论基础，也积累了丰富的实践经验。与国外相比，知识产权制度在我国则起步较晚，直到改革开放以后才得以正式建立。尽管过去三十多年，我国知识产权事业取得了举世公认的巨大成就，已成为一个名副其实的知识产权大国。但必须清醒地看到，无论是在知识产权理论构建上，还是在实践探索上，我们与发达国家相比都存在不小的差距，需要我们为之继续付出不懈的努力和探索。

长期以来，党中央、国务院高度重视知识产权工作，特别是十八大以来，更是将知识产权工作提到了前所未有的高度，作出了一系列重大部署，确立了全新的发展目标。强调要让知识产权制度成为激励创新的基本保障，要深入实施知识产权战略，加强知识产权运用和保护，加快建设知识产权强国。结合近年来的实践和探索，我们也凝练提出了"中国特色、世界水平"的知识产权强国建设目标定位，明确了"点线面结合、局省市联动、国内外统筹"的知识产权强国建设总体思路，奋力开启了知识产权强国建设的新征程。当然，我们也深刻地认识到，建设知识产权强国对我们而言不是一件简单的事情，它既是一个理论创新，也是一个实践创新，需要秉持开放态度，积极借鉴国外成功经验和做法，实现自身更好更快的发展。

自2011年起，国家知识产权局专利复审委员会携手知识产权出版社，每年有计划地从国外遴选一批知识产权经典著作，组织翻译出版了《知识产权经典译丛》。这些译著中既有涉及知识产权工作者所关注和研究的法律和理论问题，也有各个国家知识产权方面的实践经验总结，包括知识产权案件的经典判例等，具有很高的参考价值。这项工作的开展，为我们学习借鉴各国知识产权的经验做法，了解知识产权的发展历程，提供了有力支撑，受到了业界的广泛好评。如今，我们进入了建设知识产权强国新的发展阶段，这一工作的现实意义更加凸显。衷心希望专利复审委员会和知识产权出版社强强合作，各展所长，继续把这项工作做下去，并争取做得越来越好，使知识产权经典著作的翻译更加全面、更加深入、更加系统，也更有针对性、时效性和可借鉴性，促进我国的知识产权理论研究与实践探索，为知识产权强国建设作出新的更大的贡献。

当然，在翻译介绍国外知识产权经典著作的同时，也希望能够将我们国家在知识产权领域的理论研究成果和实践探索经验及时翻译推介出去，促进双向交流，努力为世界知识产权制度的发展与进步作出我们的贡献，让世界知识产权领域有越来越多的中国声音，这也是我们建设知识产权强国一个题中应有之意。

2015 年 11 月

《知识产权经典译丛》
编审委员会

主　任　申长雨

副主任　杨铁军

编　审　葛　树　诸敏刚

编　委　（按姓氏笔画为序）
　　　　　于　萍　马文霞　王润贵　石　竞
　　　　　卢海鹰　刘　铭　汤腊冬　李　琳
　　　　　李人久　杨克非　高胜华　蒋　彤
　　　　　温丽萍　樊晓东

作者介绍

丹尼尔·克罗萨 在加入 EPO 成为一名审查员之前在法国学习，并且为 Thomson 工作到 1987 年。之后，他获得了电子领域内各类技术经验。他专攻异议程序，并通过了 1998 年的欧洲专利代理人资格考试。

亚历克斯·加迪纳 曾在英国阿伯丁大学学习工程学。1990 年，在慕尼黑加入 EPO。1997 年，他转入位于海牙的 EPO 分部，并且在那里见证了商业方法申请的快速增长。在 EPO，他开发了基于 EPO 所有互联网站点的相关事务和审查员培训方面的新的工作方法和流程。2007 年他回到了位于慕尼黑的 EPO 分部。

福尔克·吉姆萨 曾在德国慕尼黑大学学习计算机科学。2002 年，他加入 EPO 成为一名审查员，并且从事商业方法和教育演示用具等领域的工作。

约尔格·马切克 物理学家，毕业于奥地利维也纳科技大学，并且获得了英国布鲁内尔大学的哲学博士学位。在从事制造业和半导体器件研究六年后，于 1986 年加入了 EPO。他负责检索和审查通过计算机实现的发明和商业方法，并担任审查小组主任。

原版前言

笔者四人在 EPO 工作,其中三位是专利审查员,一位是专利审查小组主任。专利审查员评估那些可能会授予发明人专利权的申请。专利是赋予其持有者权利的一个法律头衔,以阻止第三方在未经授权的情况下将发明用于商业用途。通过检索各种信息,包括现有的以及申请人的首次申请提交日之前能够被看到的信息,审查员尤其要检查的是:相对于现有技术,发明是新的,并且不仅仅是显而易见的改变。在专利的世界里,审查员在检索工作中获得的这些信息被统称为"现有技术"。专利审查员工作在技术的前沿,每天都要处理最新的和最具挑战性的技术创新。笔者将呈现一份典型的专利审查员式的最具思想性的综述。虽然笔者意欲给出一般性的建议,但是带有某些 EPO 程序化的倾向是不可避免的。

本书潜在的想法首先产生于笔者中的两位参与撰写一篇文章[1]的时候。在该文章中,笔者借助于具体案例阐明了一件申请中有多少技术信息不得不被公开,其目的是描述一项进而值得对其创造性进行详细审查的技术贡献。这篇文章引来了社会广泛的热情和无数的评论,并鼓励作者深入展开此项行动。从那以后,笔者屡次被请求考虑将范围扩展到其他感兴趣的特定领域。为了提出一份更加全面的处理此项主题的方案,在其中一位与目前的出版商接洽后,笔者开始收集信息和参与讨论,以期"做一件正确的工作",创作一部更加完整的汇编,定期给出片段性的介绍。

作为一个名副其实的欧洲机构,EPO 审查员的国籍遍布欧洲各地,分别来自苏格兰、卢森堡、法国(或西班牙)和奥地利,因此,真正称得上是"欧洲的"。EPO 和它的公务员们已经创建了一种多元的文化,多元体现在既包含组织文化又渗透到所有员工的日常生活中。这甚至就其本身来说也是非同寻常的,然而——2009 年 1 月 1 日,欧洲专利组织在庆祝了它的三十岁生日之后很短的日子里就又迎来了"前南斯拉夫马其顿共和国"成为其第 35 个成员国(见图 1)。最初的几十年十分引人注目。伴随着创始者们谦卑的期望,欧洲专利局受理的申请数量稳步增长,即使在疯狂的睡梦中,他们也绝不会猜到目前的这个数字。在创立的最初几年里,EPO 一年大约处理 10000 件申请,这已经被认为是一种成功。而 2007 年一年，EPO 接收到的申请就超过了 210000 件[2]。

欧洲专利制度成功的一个根本原因似乎为在其支持下授予的专利权带来的极高的经济价值。这从一开始就成为人们为获得专利而遵守《欧洲专利公约》（EPC）的一个极其强大的动力。笔者在日常工作中必须处理各种专利申请，其中一些描述了真正出色的创新，而其中也有相当高的比例不会被授予专利权，因为它们没有展示出满足我们专利法要求的所有重要特征。在许多情况下，只要重视一些基本的考虑因素，这种糟糕的状况就可以被避免。这尤其适用于计算机实现的发明。

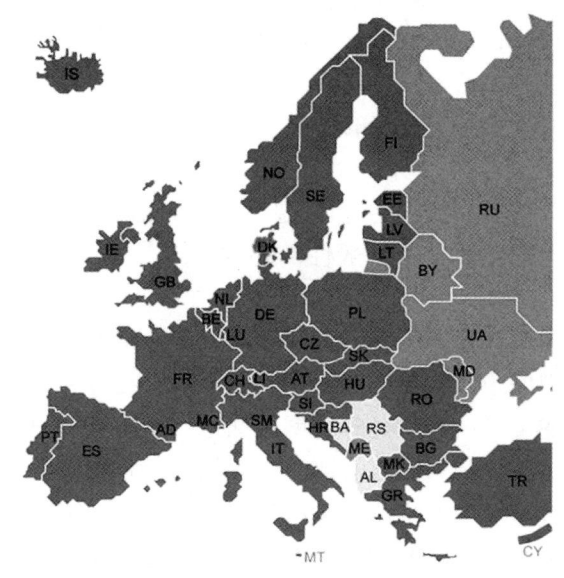

图1　欧洲专利组织（EPO）成员国

笔者四人累计在一起大约有 70 年的专利行业经验，从学术背景来看，有物理学家、电子工程师和计算机科学工作者。笔者很高兴为这本书发掘自己的知识财富。目前笔者共同的专业兴趣就集中在计算机实现的发明（CII）领域。这也包括经常被称作"商业方法"的申请，因为它们是典型的基于计算机实现的发明。

本书基于笔者在 EPO 的工作经验，并借助于一些在欧洲非常普遍的扩展性方法编写而成。在欧洲，专利法或多或少正变得和谐统一。各国法院和欧洲专利局上诉委员会在依据《欧洲专利公约》处理被审查案件时，试图根据同样的价值观来解释法律，对确实存在分歧的地方，他们趋向于相对次要的重点事项，而不是根本性的差异。

本书是一个引导审查员思考的手册。尽管各国的专利法有所不同，但专利审查员的理论依据在全球范围内是近似的。因此，很大程度上本书中先进的原理对其他国家的专利制度也适用，并且经常为美国和日本的专利制度所参考。

参考文献

[1] D. Closa, P. Corcoran, J. Machek, C. Neppel; epi information 2/2007; pp 65 – 69.

[2] Alison Brimelow: A Happy Anniversary for the European Patent System, iam magazine; http://www.iam – magazine.com/issues/Article.ashx?g = 5ad0be00 – 3952 – 4ee5 – aefe – 37d0f4e66653.

目 录

第一部分

第1章 序 言 ·· 3
  1.1 专利和软件的基础知识 ·· 3
  1.2 美国、日本、欧洲专利实践概述 ································ 18
  1.3 本书结构及案例教学法介绍 ······································ 26

第二部分

第2章 商业方法 ··· 33
  2.1 案例1：销售方法 ·· 36
  2.2 案例2：网络销售方法 ··· 38
  2.3 案例3：自动化网络销售方法 ····································· 40
  2.4 案例4：电力生产管理中的自动化网络销售方法 ········· 43

第3章 管理方法 ··· 47
  3.1 案例1：数据采集方法 ··· 48
  3.2 案例2：为了建立协议而同化管理信息的方法 ············ 50
  3.3 案例3：为了建立协议而同化管理信息的数据处理装置 ···· 52
  3.4 案例4：通过加密通信信道达成协议的方法 ················ 55

第4章 数字版权管理 ·· 58
  4.1 案例1：数字内容推广方法 ·· 58
  4.2 案例2：由计算机实现的使用加密技术的内容推广方法 ···· 61
  4.3 案例3：客户端－服务器数字版权管理系统 ················ 64

第5章 数据库和数据库管理系统 ······································ 68
  5.1 案例1：同时访问一个数据库 ···································· 70

5.2	案例2：具有时间管理的同时数据库访问	73
5.3	案例3：具有自动时间管理的同时数据库访问	76
5.4	结　　论	79

第6章　计费和支付　80

6.1	案例1：基于第三方的计费和支付方法	80
6.2	案例2：无卡的计费和支付过程	84
6.3	案例3：基于计费和支付系统的彩色矩阵	87

第7章　图形用户界面　93

7.1	案例1：拼写检查系统	95
7.2	案例2：动态拼写检查系统	96
7.3	案例3：混合拼写检查系统	98
7.4	案例4：智能拼写检查系统	101
7.5	结　　论	104

第8章　模　拟　105

8.1	案例1：用于模拟飞行状况的方法	105
8.2	案例2：计算机实现的飞机配置	106
8.3	案例3：计算机实现的飞行模拟机	109
8.4	案例4：特殊用途的直升飞机模拟机	111
8.5	案例5：特殊主题——非统一体	114

第9章　游　戏　117

9.1	案例1：多玩家游戏	118
9.2	案例2：用于多玩家游戏的设备	119
9.3	案例3：手持式游戏设备	122
9.4	案例4：基于RFID的多玩家游戏系统	125

第10章　电子学习　131

10.1	案例1：交互式电子学习工具	131
10.2	案例2：基于互联网的交互式学习系统	133
10.3	案例3：计算机辅助教学系统	135
10.4	案例4：交互式教育地球仪系统	138
10.5	特定主题——公开不充分	140

第11章　医学信息学　142

11.1	案例1：基于计算机实现的用于管理医学治疗的方法	143
11.2	案例2：计算机实现的医学初诊	145
11.3	案例3：支持医学诊断的计算机化的方法	147

11.4　案例4：计算机控制的外科手术 ·················· 148
　　11.5　结　　论 ······································ 150
第12章　数学方法 ······································ 151
　　12.1　案例1：用于定义图表点的数学方法 ·············· 152
　　12.2　案例2：用于处理视频信号的数学方法 ············ 153
　　12.3　结　　论 ······································ 154

第三部分

第13章　判例法 ·· 159
　　13.1　第1章：序言，一般判例法 ······················ 160
　　13.2　第2章：商业方法 ······························ 163
　　13.3　第3章：管理方法 ······························ 164
　　13.4　第4章：数字版权管理 ·························· 165
　　13.5　第5章：数据库和数据库管理系统 ················ 166
　　13.6　第6章：计费和支付 ···························· 166
　　13.7　第7章：图形用户界面 ·························· 166
　　13.8　第8章：模拟 ·································· 168
　　13.9　第9章：游戏 ·································· 168
　　13.10　第10章：电子学习 ···························· 169
　　13.11　第11章：医学信息学 ·························· 169
　　13.12　第12章：数学方法 ···························· 171
第14章　结论和下一步设想 ······························ 172
词　　表 ·· 175
图索引 ·· 180
译者后记 ·· 182

第一部分

第1章　序　言

第 1 章
序　言

摘要

　　5个多世纪以前，威尼斯参议院通过了第一部专利法令。它已经具有现代专利法的大部分特征，认识到鼓励公众进行创新以及用充分公开换取所授予的独占权。大约350年之后，工业革命导致了全球化。在更加国际化的水平上保护知识产权的愿望得以发展，国际条约通过谈判达成。然而，许多国家的专利法仍然存有差异，发明人经常困惑于一项发明应满足哪些基本条件才会被授予专利。这对基于计算机实现的发明尤其如此。尽管在所有申请（和授权专利）中，大约有三分之一以各种方式与计算机有关，但创新主要存在于软件或商业方法的申请却被几个主要专利局区别对待。尤其在美国专利商标局（USPTO）、日本特许厅（JPO）和欧洲专利局（EPO），在处理以软件为中心的申请过程与差异时，只作了简要的说明。本书的后续章节提供了丰富的实例。实例描述完成之后，对方法论进行了说明。

1.1　专利和软件的基础知识

　　在一项专利能够授权之前，你必须先有设想。当然不能是已有的老想法。哪些设想有资格获得专利是本书的主题之一。在你形成了你的设想并且深思熟虑了一段时间之后，你可能会明智地决定应尽力使其得到某些保护。随后，你需要将你的想法转换为专利申请提交给专利局，并说服审查员：你的想法如该申请所表达的，应该得到专利权。为了使你在"玩专利游戏"时多一点儿自信，我们在本书中会预设一些你需要遵守的基本规则。

　　在取得一项专利的早期过程中，发明人需要向代理人提供信息。本书将帮助你了解代理人所需要的信息种类，以便能够提交一份（你的）可能成功的专利申请。如果本书通过帮助你了解"提交什么"和"在哪儿提交"，能够提高（哪怕只是一点点）成为授权专利这一最终结果的可能性，而不是浪费时间、精力和金钱，那么你花费时间和金钱去购买和阅读这本书就是值得的，并且我们为写本书所付出的努力也同样值得。

然而必须明白的是，本书不能替代健全的法律咨询，也并不打算去替代。本书更愿意被看做是为感兴趣的发明人或申请人准备的一份指南，使他们能以易于与专利代理人交流的方式思考其发明，并现实地评估成功的机会（即获得专利授权）。只有提升这种事业的风险管理，才能符合所有人的利益。

回归根本，你可能已经知道或者还不知道专利是由一个国家的政府给予发明人的对于产品或方法的一项权利，以保护他在指定时间期限内在那个区域销售的权利，而不必担心其他人简单模仿并可以无障碍地进行竞争。它为专利权人提供排他性的制造、使用或销售所要求保护的发明（即如权利要求书中所描述的发明）的权利。拥有专利不是自动提供其保护的设备或装置的所有权，也不是由国家提供的许诺或对做某些事情的许可。

1.1.1　专利简史

专利迄今已经有 500 年的历史。它的引入是鼓励（特别是国外）企业家根据颁布专利的国家的技术发展状况创办产业的一种手段。1474 年 3 月 19 日，威尼斯参议院通过了已知的第一部针对专利授权并以其强制执行作为保护手段的成文法（见图 1.1），希望以此行动吸引外国发明人来改善威尼斯著名的玻璃吹制行业。这部法律在许多方面都是非常现代的：它意识到了创新中的公众利益，并且为了激励创新而构想出了专利法的哲学基础，即用发明的充分公开交换被授予的一段有限时间内的独占权；它以同等的条件对待外国人和本国人，并在其所包含的强制执行的手段内给予国家利用该发明的权利。

然而，这仅仅是最早的成文法。我们是专利审查员，我们的工作不会像这样停止在那里，而是要去寻找这个想法的任意形式的最早呈现！早在 1331 年，佛兰德斯的纺织工人约翰·坎普和受到国王邀请来到英格兰的许多其他国家的纺织工人就确确实实地被授予了特殊的安全保护。在爱德华三世统治时期，英国纺织业的竞争就明显地出现了问题。为了弥补本土纺织物生产方法上的缺陷，英国积极鼓励外国专家在其国内定居，并且使用他们的技术来改进这些方法。

顺便提一句，与威尼斯和英格兰相类似，日本在 20 世纪发展起来的专利制度也有促进国外技术引进到该国的目的。[17]

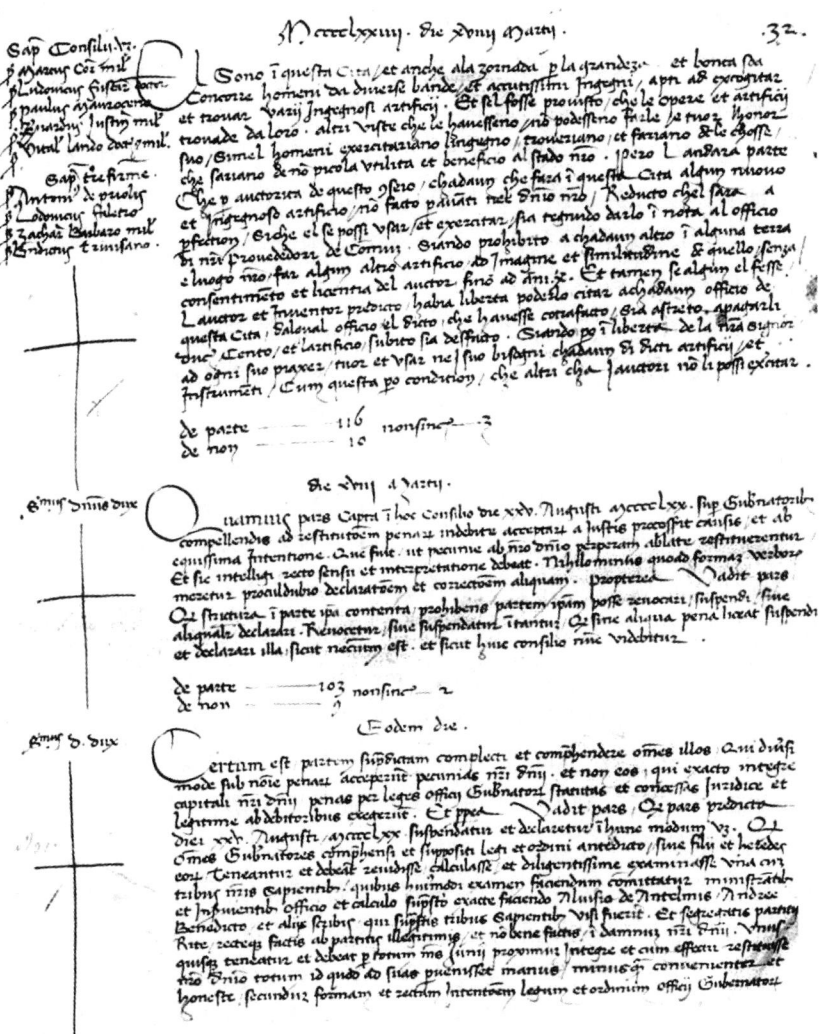

图 1.1　1474 年威尼斯专利的副本[11]

直到 19 世纪中叶，不同国家的专利法并行发展，有时是通过个别复制其他法律的特征（模仿是推崇的形式）。第二次工业革命通过第一次全球化浪潮引发了蒸汽动力轮船的大力发展以及技术和经济的进步。在一个更加国际化的水平上保护知识产权的愿望（甚至需要）变得更加迫切，这在 1883 年签署的国际条约《保护工业产权巴黎公约》（以下简称《巴黎公约》）中表达了出来。它提供了一种简单的程序机制，使任一缔约国的包括专利的知识产权制度可以得到该公约中其他缔约国成员的国民待遇。"巴黎公约优先权"，简称优先权，也是在这个条约中设立的。它规定了如果申请人在首次申请的 12 个月内提交另一件专利申请，来自一个缔约国的申请人能够使用其首次申请日（在缔约国之一）作为另一个缔约国的有效申请日。简言之，它给出了一些喘息的空间，以避免为了在每一个有利地点提交申请而进行全球性冲刺的可怕景象。

到20世纪50年代，在欧洲理事会的督促下一个统一的专利分类系统得以建立。经证明这个分类系统是如此成功，以至于在1971年❶被纳入《巴黎公约》。最后，技术领域的分类设有一个索引，构成螺旋状的（合理的）普遍性观点可以在该索引下被参考。

在欧洲，作为进一步整合经济和工业的一部分，统一专利规程的愿望最终导致了《欧洲专利公约》（EPC）的形成。这是欧洲专利局（EPO）的实体法，作为欧洲专利组织成员的每一个国家必须将EPC引入其本国专利法，以作为其加入EPO的先决条件。

想要使专利流程简单化的当然不局限于欧洲。《专利合作条约》（PCT）是一个国际化的专利法律条约，甚至早于EPC。它在1970年签订，于1978年生效。它为提交专利申请提供了统一流程，以保护每一个PCT缔约国的发明。一份申请可以使用一个接收局（RO）的一种语言进行撰写。检索是由国际检索单位（ISA）完成，由此产生的检索报告附加有书面意见，其是有关于该申请抑或该发明是否符合PCT条约及其细则的规定。由于PCT被划分成章节，这个较早的被称为"第一章"的程序被选择性地跟有"第二章"，其是由国际初步审查单位（IPEA）进行的初步审查。对于该申请，IPEA初审的结果可能是肯定的或否定的报告。

PCT途径本身不会导致"国际专利"的授权，这种专利是不存在的。然而，任何可能导致授权或驳回的具有法律约束力的审查都由在提交申请时指定或选定的相关国家或地区的权威机构完成。这通常被称为"进入国家阶段"。只有有限数量的国家局不进行任何形式的国家实质审查就采用PCT的结果作为其国家授权的决定。

与PCT的建立同时，世界知识产权组织（WIPO）成立了。它是联合国的专门机构，总部设在日内瓦。WIPO作为PCT程序的中心局——国际局，为国际层面的知识产权发展而工作。

专利法全球统一的愿望还基于这样一个事实，现在比以往任何时候更加如此：一个产品或方法的概念可能起源于一个地方，但是却在其他地方实施，而其最终用户可能在第三个地方使用。很多情况下，消费者不知道所买物品的生产或设想的起源。因此，发明人可能想要在不止一个国家获得保护，以便覆盖

---

❶ 《斯特拉斯堡协定》在1971年达成协议，并于1975年生效。

一个设想的生命周期的各个方面。

在欧洲之外的每个国家，审查程序都不同，因为这些不同的国家有不同的专利法。没有通用的规则允许某人可以将一个专利局归为更严格，而将另一个归为更宽松；实际上宁可说，似乎有些专利在一个专利局更易授权，而其他专利在另一个专利局更易授权。EPO 在对待与软件相关的专利方面，具有比其他一些专利局更加严格的名声。本书的明确意图就是强调这些差异，并就可专利性问题给出广泛的建议。

专利局的业务不是推销自己。申请被驳回有许多很好的理由（即使理由可能根据区域而不同），申请不能被驳回也有许多很好的理由。我们对于拒绝和驳回机制有一个很好的理解，不仅仅是在 EPO，而是普遍性的。尽管本书试图强调比较重要的几个授权机构的国家专利法和程序之间的差异，但本书的目的不是分析不同国家对于同一申请的不同处理的确切原因，这些原因深深地根植于地区的社会和历史，以及由此产生的法律制度中。本书也不愿意尝试提供在任意一个专利局如何规避否定结果的提示和技巧。本书的目的非常普通，即我们提出来与大家共同分享：专利审查员如何作出判断？在试图保护一项发明时存在需要遵守的通用性考虑吗？我们不能也不想代替专利代理人，这不仅仅是在如何建立系统方面。

如果没有专利，任何人都可以模仿别人的发明。有了专利，发明人享有在其发明之后的一段时间内拥有其设想，并防止他人模仿。他们还可以允许别人使用他们的设想并收取费用。拥有了授予自己的专利，发明人还可能感觉到安全，即在将来抵制其他人企图使用他们的首创设想，并向他们索取费用（一个特别痛苦的经历）。

这当然也适用于与软件和计算机相关的专利和专利申请。然而，关于赞成软件专利保护的强有力观点使知识产权保护世界发生了分歧，甚至通常那些反对这种保护权的人对其观点的呼吁更为强烈。一些人认为，允许任何形式的软件保护将使大的工业玩家能够运用他们相当大的影响力和巨大的专利投资组合扼制竞争，从而使软件开发成为独占性使用。其他人则认为，允许中小型企业生存就必须存在一种手段，能够保护他们的创新性设想并且使他们能从富有的竞争者中发展起来。这些各抒己见的争吵处于以逻辑、常识和不断进行自我批判为基础的善意争论的健康基调中，而不是处于绝对的信念、偏见或自我利益的封闭思考中。

1.1.2 "软件"专利

在此，我们将主要谈一谈软件和计算机。计算机几乎是现代生活各个领域的一部分，随着以越来越小的配件执行越来越复杂的任务，它们正变得越来越先进。因此，在该领域寻求专利地位的新发明的数量稳步上升。

事实上，基于计算机的发明的专利申请是那些提交给 EPO 的所有专利种类中增长率最高的，全面的审查过程等待着该领域的所有新申请。其主要目的是辨别真正的技术创新，即对技术整体水平的进步作出了何种贡献，是否产生了基于现有方法的显而易见的变化。用技术术语来说，这意味着确保计算机实现的发明的新颖性和创造性。

首先让我们考虑一下，为了获得一些有一定程度的观点和设想，通常会有多少与信息技术有关的专利。

1.1.2.1 有多少软件专利？

第一步，通过检索适当的全文专利数据库，仔细检查所有专利是否存在列表中所包括的关键词（见图1.2），从而显示一件专利所做的是否与软件或计算机有关，得到大体上与基于计算机自动化相关的所有专利的一个上限（见图1.3）。

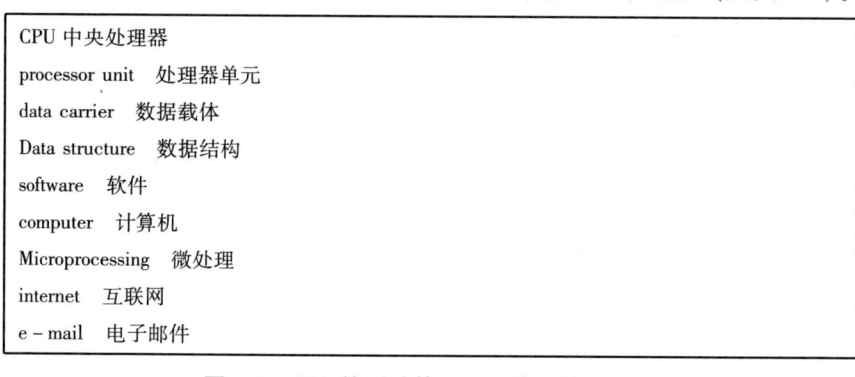

图1.2　用于检测计算机运用情况的关键词

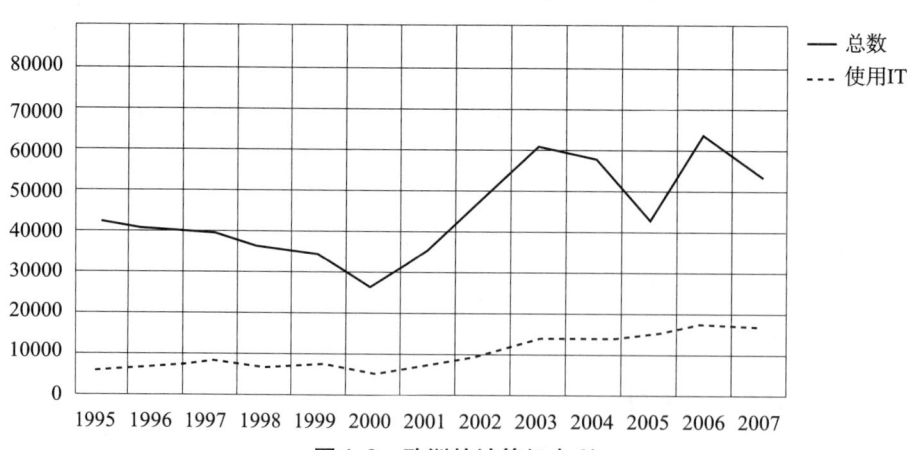

图1.3　欧洲的计算机专利

1995 年，EPO 在所有技术领域的专利授权总量是 40000 件。在 2007 年，这个数字接近 60000 件。2007 年，具有一些 IT 语句的专利数量共计约 17000 件，略低于所有授权专利总数的四分之一。这并不意外，因为 IT 在大多数技术领域都有应用。

对所有授权专利进行关键词检索，其结果反映出计算机和软件几乎正应用于每个技术领域。

在日本和美国具有相同的趋势（见图 1.4），即以某种方式使用计算机的专利数量已占所有已公布专利数量的四分之一或者更多。

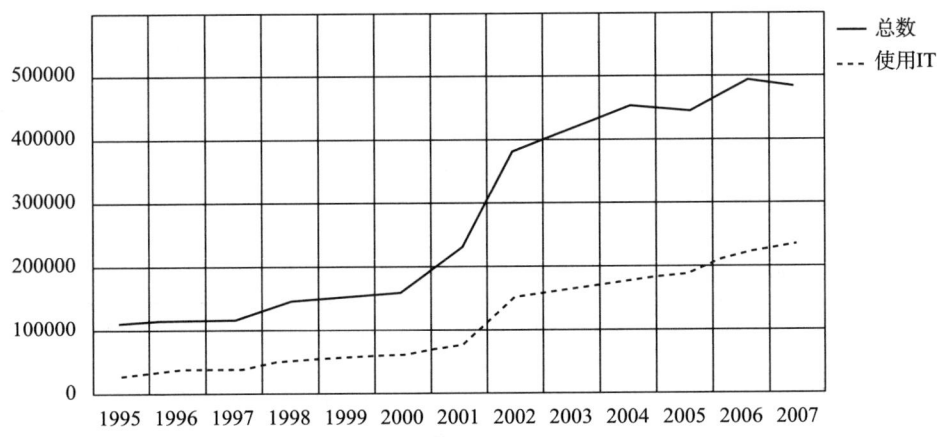

图 1.4　美国的计算机专利

为了获得有关计算机如何利用以及软件除核心作用外还在何处运行的更加详细的信息，必须使用另一种不同的方法。

正如我们之前所提到的，使用国际专利分类（IPC）系统，专利可以被划分到一个工业或技术领域，这样所有的开瓶器都被放到了同一个文件夹下。由 1971 年《斯特拉斯堡协议》建立的 IPC 提供了一种分层级的独立符号语言系统，以便按照不同的相关技术领域对专利和实用新型进行分类。[21] 分类代表了可能被认为适合于发明的专利领域的整个知识体系。它被分为"A～H"的 8 个部，每一部的标题是该部的内容的最宽泛指示（见图 1.5）。

每个部又进一步划分为大类、小类、大组和小组。与"运算、推算、计数"有关的专利申请被分到 IPC 大类 G06。其中最相关的小类是 G06F（电子数字数据处理）。这个小类包含了如下的专利，即主要关注焦点在硬件和专注于软件解决方案文档上的专利。可靠地指出涵盖所有以软件为中心的分类组合是不可能的。但是查明主要与软件相关的、具有普遍性的专利申请行为是可能的。主要的大组 G06F 9 涉及"程序控制装置"。小组 G06F 9/40 的标题为

"用于执行分程序的装置"（见图1.6）。因此它特别适用于统计性地探讨 EPO 对于"纯"软件的处理。

```
A  Human necessities         人类生活必需
B  Performing operations, transport   作业、运输
C  Chemistry, metallurgy     化学、冶金
D  Textiles, paper           纺织、造纸
E  Fixed constructions       固定建筑物
F  Mechanical engineering    机械工程、照明、加热、武器、爆破
G  Physics                   物理
H  Electricity               电学
```

图1.5　IPC 的 8 个部

```
G06         Computing, calculating, counting   计算；推算；计数
G06F        Electric digital data processing   电数字数据处理
G06F 9      Arrangements for programme control 程序控制装置
G06F 9/40   Arrangements for executing subprogrammes  用于执行分程序的装置
```

图1.6　**G06F 9/40 的分类树**

可以很清楚地看到（见图1.7），在过去十年中，EPO 收到的 G06F 9/40 小组下的申请数量稳步增长。但是，由 EPO 颁布授权的数量却保持在较低水平，甚至在 2004 年有所下降。而另一方面，获得否定结果的案件数量则在稳步增长。

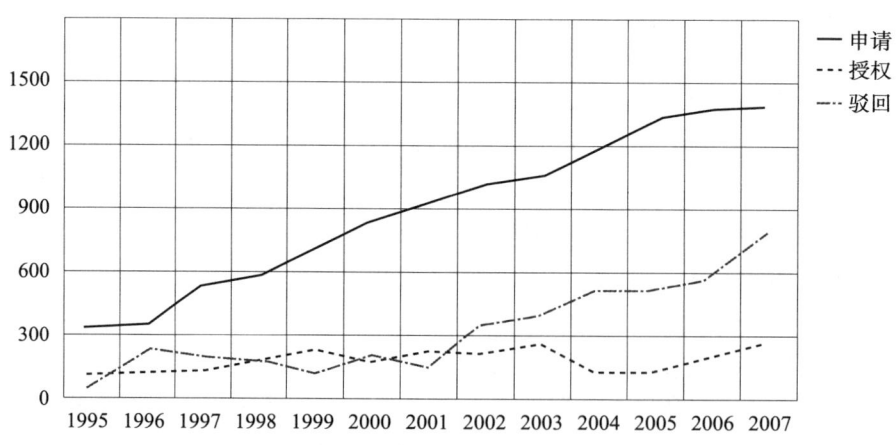

图1.7　**EPO 在 G06F 9/40 中的专利情况**

在美国专利商标局（USPTO），最接近 G06F 9/40 分类的可能是技术单元 717，其被定义为有关数加工、软件开发、安装和管理方面的处理（见图 1.8）。由于直到最近 USPTO 也没有公布所有申请，而仅仅是公布了授权专利，因此只有授权专利情况可以展示。该曲线显示出了 21 世纪初随着"dot.com"的冲击而呈现的典型衰退现象。顺便提一句，这种波峰在提交给 EPO 和日本特许厅（JPO）的申请中也可以发现，但是在这两个专利局没有转化成授权专利。在 JPO，该领域所有申请中大约有三分之一被授权（见图 1.9）。图中使用的 JPO 的数量可能包含一些失真，因为可能存在延期审查。由于某些原因被搁置的延迟时间长达 2001 年之前的 7 年以及之后的 3 年之久，因此，提交的申请和授权专利之间的关系必须谨慎解释。

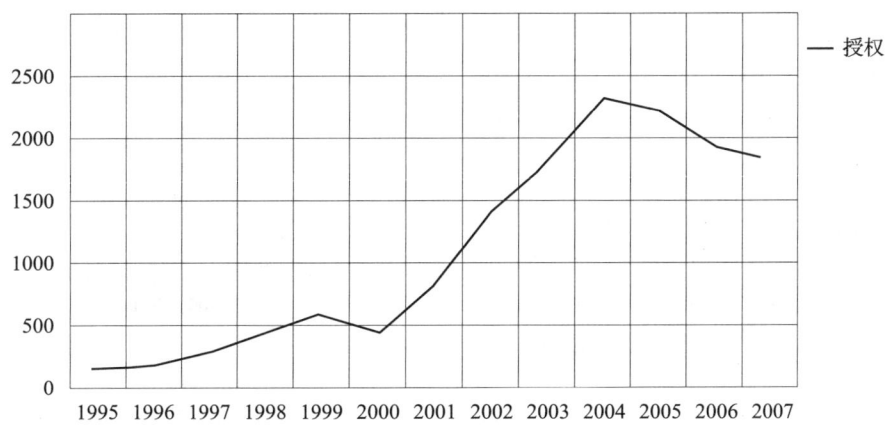

图 1.8　USPTO 在技术单元 717 中的专利情况

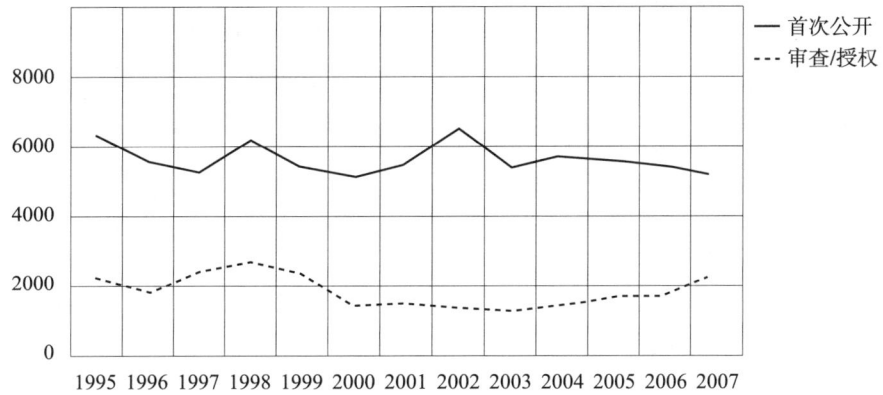

图 1.9　JPO 在 G06F 9/40 中的专利情况

商业方法领域以及将此作为其主要内容提交的申请应当特别关注。在该领域中，技术内容有时非常少，仅仅由在通用计算机或网络上实现的商业设想所组成。小类 G06Q 涉及"数据处理系统或方法，特别适用于以行政、商业、金融、管理、监督或预测为目的的数据处理系统或方法"。它是 EPO 对于商业方法进行处理的一个很好的指示（见图 1.10）。该领域的授权率极低，仅有约 7% 的申请实际通过该系统并获得授权。否定性结果的比例非常高，根据该领域的申请曲线所示，存在大约 3 年一个转变。这 3 年简单反映出了当前该领域申请处理中的未决情况。

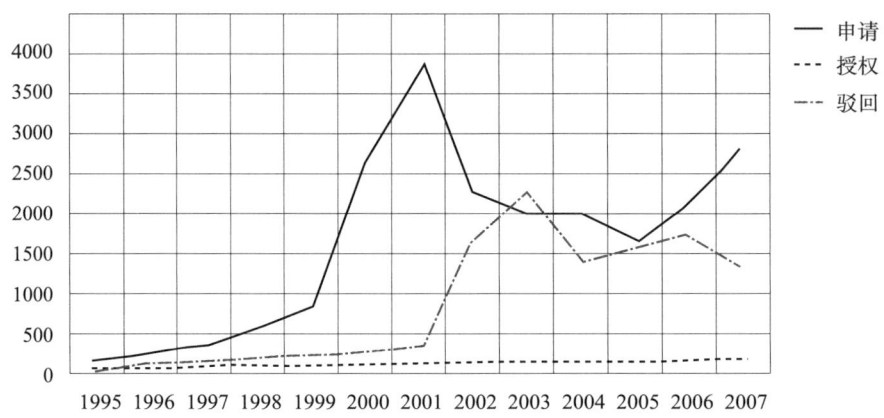

图 1.10　商业方法在欧洲的发展

虽然对于美国的直接可比性统计也不可用，但能够从等同于 IPC G06Q 的美国分类技术单元 705 的授权专利曲线看出，该领域申请量持续增长的总趋势是连续不断的（见图 1.11）。在 JPO，对这类申请的态度和反应与 EPO 相似，不过日本的授权专利与专利申请的比例要更高一些（见图 1.12）。

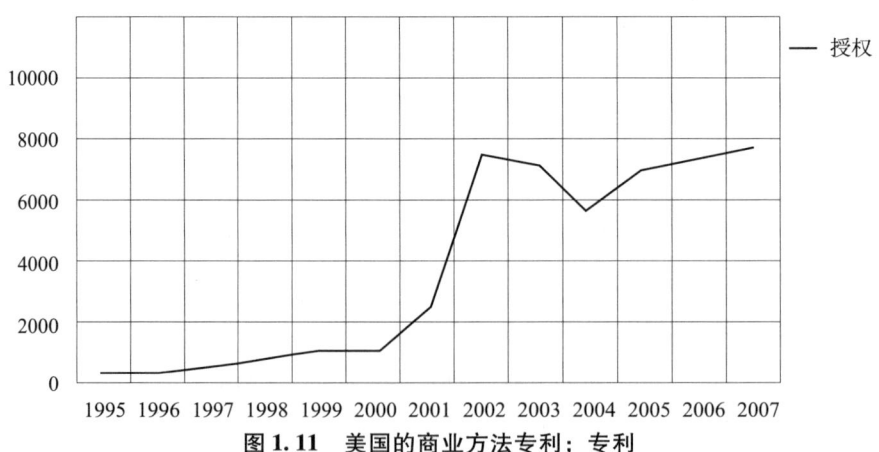

图 1.11　美国的商业方法专利；专利

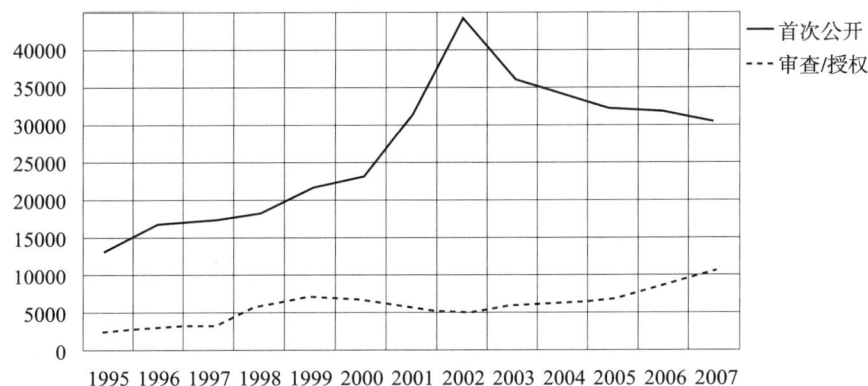

图 1.12 日本商业方法的发展

因此，总的来说，一方面，在 EPO 有超过四分之一的授权专利与计算有关。这类专利可以在所有技术领域中存在。另一方面，在软件发挥核心作用的所有领域，随着过去几年否定性结果的比例逐渐增多，授权量非常低。对于已经被分到 IPC 小组 G06F 9/40 下的申请，由于与软件创新密切相关，在授权量保持较低水平的同时，获得否定性结果的案件数量却在稳步增加。被分到 G06Q 的商业方法案件，因为其技术内容含量异常低而显得尤为特殊，此小类下只有约 7% 的申请能获得授权。

为什么授权率如此之低？要增加一个特定申请获得授权的机会，可以做些什么呢？

1.1.2.2　什么可以受到保护？

为了得到专利权，发明人必须描述其发明，以证明：

- 该发明必须落入国家法律定义的可专利主题的范围内。这点国家与国家之间有所不同。在 EPO，技术特征是必需的，这意味着它不仅仅是一个想法的抽象表达。
- 它是新的。
- 它包含创造性，即意味着它超越现有技术状况所作出的（技术）贡献对本领域具有相当知识水准的人员并不是显而易见的。
- 它可以用做工业生产的一部分，即意味着是纯智力或艺术努力范围之外的实际应用。

如果发明满足所有这些条件（并且不违反专利法的其他规定），那么在缴纳了年费之后，发明人就可以获得专利权。作为专利授权的结果，发明将被公布于众。随着专利保护期限的增加，每年必须支付续展费用。专利权将在 20

年后失效，或者在那之前，如果专利权人停止支付费用时失效。一旦专利失效，任何人都可以利用其技术教导，而无需签订属于专利的特定协议。

为了维护专利申请人希望在不止一个国家得到保护的利益，《巴黎公约》的优先权条款（见 1.1.1 节"专利简史"）规定着所谓的优先权。这避免了申请人必须满世界跑，或在同一天向所有地区组织提交申请等情况的存在。优先权属于申请人，并且允许其针对同一申请在优先权期限内向其他国家提交后续申请，用于专利申请的优先权期限为一年。

当要求的优先权有效时，提交首次申请的日期被称为"优先权日"，并被认为是后续申请的"有效提交日"。对于申请人提交的某种程度上与软件相关的申请，在不同国家可能存在一些对其造成影响的陷阱，这将在本书的后续章节中进行讨论。

1.1.3　其他知识产权

一个创新性想法或者智力劳动的成果可以通过不同方式保护，专利只是其中一种可能，还有商标、版权、工业设计等。这些权利的基本概念及其法律要求、授权保护都是不同的。WIPO 在 1967 年成立时，给出了受知识产权保护的主题列表（见图 1.13）。工业产权（除专利外）的最常见形式简要说明如下。

受知识产权保护的主题
——文学、艺术和科学工作；
——表演艺术家的表演、音像制品和广播；
——人类一切活动领域内的发明；
——科学发现；
——工业品外观设计；
——商品商标、服务商标、商号及标记；
——禁止不正当竞争；以及
——工业、科学、文学或艺术领域的智力活动获得的所有其他权利。

图 1.13　受知识产权保护的主题列表（WIPO）

商标，是在经营活动中一个企业用来区分与其他企业的商品和服务的任意符号，其所有人具有独占权。产品或服务的商标可以等同于一个公司的品牌和形象，并可以成为其自身权利范围内具有货币价值的资产。然而，商标的主要功能是确定与具体商品和/或服务相关联的特定的交易来源。以图形用户界面（GUI）为例，如果其展示出了一个特定的专有品牌，则可受到商标的保护。

版权，是另外一种知识产权保护形式，其赋予一定时间期限的与原创作品相关的独占权，包括它的发表、发行和改编。此时间期限过后，作品进入公有领域。通常，版权保护持续至最后一位作者去世后 70 年。版权不涵盖存在于其中的设想和信息，而仅仅涵盖表达它们的形式和方法。在计算机程序领域，这点在一定程度上变得很关键，因为这意味着其不是一般的想法，即受到版权保护的（技术）问题的解决方案，而是通过这种特殊的程序代码的表达和实现。从这个意义上讲，其类似于诗歌或舞台剧的脚本。编写一段与先有程序相同结果的不同程序，不会触犯或影响原程序的版权。GUI 的外观或功能都不受版权保护，而仅仅是使用计算机语言写出的代码受到保护。

1886 年《伯尼尔公约》首次建立了主权国家之间的版权认可。在《伯尼尔公约》下，创作性作品的版权不必声明或宣布，可以将其理解为在这种作品创作完成时自动生效。一旦一个作品写入或记录到某些物理介质上，其作者就自动获得了该作品的所有版权。

实用新型用于保护一项发明创造，在某些方面与专利类似。实用新型更常用于商业生命比较短或者与技术上不太复杂的创新相关的发明。获得实用新型的过程比专利短且更简单。获得实用新型的要求通常没有专利那么严格，在许多国家，仅需满足"新颖性"要求，而并不审查"创造性"或"显而易见性"的要求。实用新型保护的最长期限通常比专利短。

工业设计可以定义为"由产品本身和/或其装饰物的特征所产生的产品整体或部分的外观，具体而言，所述特征包括线条、轮廓、颜色、形状、纹理和/或材料"。因此，GUI 的外观和感觉可能作为外观设计而受到保护。欧洲外观设计指令（1998 年 10 月 13 日欧洲议会和理事会的指令 98/71/EC）协调了在欧洲共同体（EC）成员国注册外观设计保护的要求。欧洲外观设计指令第 10 条规定，外观设计应当以 5 年为单位进行保护，从其申请日起，最长持续 25 年。

集成电路布图设计或拓扑图可以通过特殊的知识产权保护。集成电路应用的产品种类繁多，从移动电话到手表、汽车和计算机。创造一个解决生产设备的所有相关问题的新设计图通常是非常昂贵的。这些巨额的成本就是布图设计为什么需要特殊保护形式的主要原因。《有关集成电路的知识产权公约》于 1989 年在 WIPO 的主持下通过。尽管该公约从未生效，但是它的主要实质性规定仍然通过参考的方式纳入 1994 年通过的《与贸易有关的知识产权协议》（TRIPS）中。

独特的数据库权是一种为了给予数据库作者一种版权补充保护形式而特别开发的知识产权。从定性和/或定量的角度理解，特别针对数据库设立该权利的目的是保护在任何数据库内容的获取、验证或表述的过程中的实质性投入。在 EC，这个权利在 1996 年 3 月 11 日通过的 96/9/EC 指令中给出了定义。

适用于计算机领域从业人员的专利法实例

1.1.4 软件领域中一些引人注意的专利案件

软件领域的专利不是隐藏的宝藏。自从与计算机相关的发明的可专利性话题开启了广泛且有争议的讨论,该领域的许多专利就引起了公众的兴趣。几个典型案例可以用来证明这种公众兴趣。

1.1.4.1 亚马逊一键下单(Amazon One Click)

当亚马逊在1999年的圣诞节购物季使用"一键下单"来对付竞争对手的网站时,所谓的"一键点击专利"[18]开始出名。该美国专利在1997年秋提交,于1999年9月28日获得授权。它涵盖了基于互联网的客户引导系统,或者俗称"会员联盟计划"。亚马逊的"一键下单"想法直接针对这样的能力,即能够在亚马逊上存档信用卡信息,并且通过简单点击你要购买的菜单按钮即可完成购买,而不必每次重新输入支付细节。2006年5月12日,USPTO基于一个较早的电子商务专利的请求命令重新审查"一键下单"专利,并且引用一个电子现金系统作为现有技术。

USPTO在2007年10月9日对这个宽泛的权利要求作了宣告无效的决定。USPTO发现"现有技术"(所有包含此技术的在先使用)否定了亚马逊所要求保护的"一键下单"技术的原创性,由此否定了其可专利性的本质。

同样的申请也递交给了EPO[19]。申请号为EP98117261的申请实际上是两个指定在美国提交的优先权的申请组合,其中只有一个是一键点击专利,其公开号是EP-A-0 902 381。这个在先申请在审查部门作出最终审查结论前被撤回。但是在它被撤回之前,使用该在先申请作为"母案"提交了两个分案申请,其中一个分案申请的授权号为EP-B-0 927 945。被授权专利的权利要求是针对发现礼物接收者邮寄地址的一种方法和程序产品,正是当时有异议的主题。该专利在2008年5月被撤销。异议部门的这一决定已经被上诉,上诉委员会的决定还没有作出。源于最初母案申请的第二个分案申请的公开号为EP-A-1 134 680,它在2007年1月被驳回。该决定也被上诉,EPO上诉委员会也还没有作出决定。

1.1.4.2 黑莓(BlackBerry)

NTP是一个专利持有公司,他们自己不通过生产来实施他们的专利,而是许可他们所拥有的专利[31]。2000年,NTP向黑莓电信设备制造商(Research In Motion,RIM)发出通知,宣布他们涉及无线电子邮件技术的专利所有权,而且认为它们是相关联的,并表示愿意提供给他们专利许可。RIM决定拒绝签订许可协议,由此带来了NTP对RIM的专利侵权诉讼。

RIM 在法庭上展示了类似的无线电子邮件系统,声称这已经在 NTP 发明之前公知。这当然使 NTP 专利被无效。然而,结果是,在展示中证明 RIM 正在使用的是一款实际上晚于 NTP 发明的更现代的软件版本,从而事与愿违。陪审团最终裁定 NTP 专利有效。赔偿金设定为 5300 万美元,RIM 被判支付 NTP 的诉讼费用,并向 RIM 发布侵犯专利的禁令。这一禁令将在美国有效禁止黑莓系统。

RIM 提出上诉,要求停止禁令和其他惩罚性措施。在争论撤销禁令的过程中,RIM 的代理人强调保持其服务运行的公众利益。美国联邦最高法院最初拒绝倾听 RIM 的上诉,这似乎对于具有深远影响的禁令的强制执行是一个很好的机会。而后,由于美国政府中存在相当多数量的黑莓用户,这种情况变得非常尴尬,美国国防部甚至发表他们的担忧,认为黑莓对于国家安全至关重要。在 RIM 和 NTP 之间进行协商解决的多次尝试失败之后,2006 年 3 月,RIM 和 NTP 最终宣布他们已经解决了彼此之间的争端。RIM 向 NTP 支付了数亿美元作为所有权利要求的"全部和最终解决"。

该和解协议结束了美国超过 300 万黑莓用户一段时期的焦虑。这个案件在欧洲不是问题(除了通过由于尊重等方面的潜在影响而可能导致的对公司的赔偿),因为 NTP 的专利没有一件是向 EPO 或任意一个欧洲国家的专利局提交。❶

1.1.4.3 雷菲克(Refac)

雷菲克国际有限公司诉莲花发展有限公司[20]一案,说明了在一个专利局(本案中指 USPTO)递交不完整或误导性证据时有可能出现的问题。在诉讼中的专利(美国专利 4398249),涉及一种将软件源代码程序转化为目标代码的方法。专利审查员最初驳回了该专利申请,认为它缺少使本领域普通技术人员能够制造和使用该发明的必要信息(有点像在组装家具时在说明手册中存在太多缺失的步骤)。申请人之一提交了该申请确实包含了能使该发明充分公开的书面陈述。审查员坚持驳回,指明书面陈述由发明人之一提交,是为其自身服务的。为了得到所公开的发明是有条件实现的结果,发明人的代理人提交了超过 3 份来自于发明人以外其他人的书面陈述。结果审查员撤销了其驳回并授予了专利权。授权后,专利所有人紧接着起诉了包括莲花发展有限公司(以下简称"莲花公司")在内的 6 家软件出版商,声称他们的电子表格计算机软

---

❶ 涉及的美国专利是 US6317592、US6272190、US6198783、US6067451、US5819172、US5751773、US5745532、US5631946、US5625670、US5438111。[31]

件程序侵犯了该专利。

然而在后续的诉讼中,莲花公司表明了签署书面陈述的每一个个体都以某种方式与发明人或其公司有关,而且这种关系没有被适当地披露给审查员。地区法院发现这一被忽略的信息对于审查员对书面陈述的评价非常重要。并且进一步发现,发明人向 USPTO 提交的书面陈述存在有意误导。因此,这些书面陈述不具有比最初由发明人之一提交的书面陈述更重的分量。联邦巡回上诉法院(CAFC)后来确认了地区法院的判决,由于不公正的行为,该专利是不可实施的。

1.1.4.4 用于国际操作的环球购物中心(Universal Shopping Centre for International Operation)

DE 科技是弗吉尼亚的一家小公司,其"无国界订单输入系统"在最初提出申请 5 年之后,终于在 2002 年获得了美国专利权(US6460020)。接着,在 2005 年又获得了第二个专利(US6845364)。鉴于其网上交易可能带来的经济效益,专利的授权在美国引起了相当大的公众兴趣和争议。该发明可以非常准确地描述为:"一个通过集成某些功能以使通过互联网进行的国际货物采购成为可能的便于计算机之间进行商业交易的交易系统。"该系统操控了国际电子商务的所有方面。它将价格转换为多种货币,并将产品说明翻译成多种语言。它计算必要的运费、税额和关税,并为这些手续生成所有必要的电子文档。

DE 科技于 2004 年指控戴尔侵犯了其授权专利。输掉这样的官司对于像戴尔那样商业模式的计算机制造商可能带来毁灭性的经济打击,在它被起诉的那年,它的三分之一的交易是通过网络完成的。2007 年该案件得到了宣判,弗吉尼亚的联邦地区法院法官判定该专利的一部分非常"不清楚",准予戴尔的部分请求,宣告该专利无效[25]。

源于同一美国优先权的专利申请也提交给了 EPO(EP 98963827.5)。该申请在 2002 年 11 月被 EPO 审查部驳回,部分理由是该发明与非技术性商业方法相关,因此属于不可专利性主题。2003 年 3 月,申请人提交了一份反对审查部决定的申诉。2006 年 9 月,EPO 的技术上诉委员会维持了对美国公司 Ed Pool 等(DE 科技)提交的欧洲专利申请的驳回。

1.2 美国、日本、欧洲专利实践概述

计算机实现的发明(Computer – Implemented Inventions,CII)是专利界的热点话题。因为"软件"没有一个普遍可接受的定义,所以那些讨论相关申请的人通常避免使用"软件专利"这个术语。普林斯顿大学统计学家 John

Tukey（见图 1.14），❶想出了"软件"这个词来描述在电子计算器上运行的程序，1958 年首次在他为《美国数字月刊》写的一篇文章中使用。[5]

软件经常被理解为一套与数据处理系统相关的计算机程序、进程和相关文档，或者是可以为计算机提供指令的信息[2]。在这个背景下，"软件"更倾向于将其自身纳入版权保护。为了避免通常情况下计算机代码可以授予专利权的错误认识，"软件"这一术语在本书的上下文中谨慎使用。

至于与 CII 相关到什么程度，哪件专利申请应当被授权，或者哪件专利申请应当被驳回，以及在这两种情况下应当怎么做，一直存在强烈且持续不断的争议。涉及软件专利的重要问题包括：

• 可专利与不可专利的主题二者之间的边界在何处？

• 多少和什么样的有效公开是必需的？

• 创造性的评估是否应该像在所有其他技术领域一样遵循同一原则，还是在不同领域有所不同？

• 日本、美国和欧洲之间的主要差异是什么？

这些也是本书将重点关注的问题。主要专利局力求提高质量，[3,4]这包括与申请人合作，帮助他们起草更好地满足各自专利法要求的高质量的专利申请文件，从而减少申请被驳回的可能。在本书中，我们没有过多关注专利申请被驳回的更多正式理

图 1.14　John Wilder Tukey
（普林斯顿大学图书馆）[32]

由，我们更感兴趣的是一个有希望的专利的技术和创造性内容。公众不会从无价值和无意义的申请中获益，专利局和申请人同样也不会。

笔者想要瞄准希望知道他们的想法是否有机会成为授权专利的工程师们。然而笔者觉得需要再次强调，并且也将在本书中反复这样做的是，对于在你所选择的专利局提交申请的真实案件特定细节和帮助，你很可能需要一个专利代理人。

笔者不想劝说你去提交申请，也不想阻止你，而旨在向你展示，如果想要保护一个设想，你需要做哪些主要的事情，以及什么地方需要谨慎行事。毕

---

❶ Tukey 还被认为是载入"计算机历史史册"的人，其于 1946 年创造了"比特"这个词，作为"二进制数字"的缩写，该术语描述作为计算机程序基础的 1 和 0。Tukey 将更短的"bit"建议给 AT&T 贝尔实验室的计算机专家，他是那里的研究人员。"Bit"在发音上比起他们考虑的其他诸如"binit"和"bigit"，可能更容易，所以迅速被使用。12 年以后，Tukey 想出了"软件"这个词来描述电子计算在其上运行的程序，于 1958 年首次在其为《美国数字月刊》写的一篇文章中使用。

竟，专利局将简单地适用法律及其细则。可以肯定地说，如果你不提交申请，你肯定不会得到一件专利。然而，如果你确实决定提交一个申请，本书中的信息可以使你更好地评估成功的可能性和失败的风险，并通过指导你提交的内容而对此产生影响。

从现代意义上讲，第一件与软件相关的授权专利事实上可能是在欧洲授权的。1962 年 5 月 21 日，名称为"一种适用于线性编程问题自动解决方案的计算机"的英国专利申请被提交。该发明涉及单纯算法的有效内存管理，可以通过纯软件方式实现。专利 GB1039141 在 1966 年 8 月 17 日被授权。在美国，软件的可专利性在整个 20 世纪 70 年代一直不被 USPTO 所允许，直到 1981 年 Diamond 诉 Diehr[14]一案中，美国联邦最高法院出面并裁定，只要用于表现真实世界的现实（如监视并分析地震的程序），计算机程序就可以被授予专利权。

在美国联邦巡回法院对道富银行 & 信托有限公司诉签记金融集团（State Street Bank&Trust Co. v. Signature Financial Group, Inc.）[6]一案作出最后的决定后，全球范围的专利局挤满了涵盖各种软件和商业方法的专利申请。❶ 尽管这一决定不能对此承担全部责任（仅比互联网泡沫多一些），但起了部分作用。

对商业方法专利的认识已经通过某些高知名度的专利纠纷获得进一步提高——诸如亚马逊网站的涉及一键下单互联网订购方法[7]的专利，其要求和索赔涉及的数额巨大。

1.2.1 美国专利商标局、日本特许厅及欧洲专利局的比较

三个专利局都会审查主题是否为其各自专利法意义上所认为的发明。对于 EPO，这归结为权利要求的主题是否表现出技术特征的问题。涉及计算机实现的发明专利性限制的问题已经由 EPO 局长作为案件 G03/08 尚未解决的问题[12]提交给扩大的上诉委员会（EBoA）。EBoA 是欧洲专利系统的最高诉讼手续。

USPTO 和 JPO 论及法定主题。在日本，日本专利法的第 2（1）条将发明定义为："利用自然规律的技术思想的具有高度先进性的创作。"在美国，专利法第 101 条（35 U. S. C. §101）认为，任意新的和实用的方法、机器、制品或组合物及其任意新的和实用的改进，都可获得保护。这在 CAFC 近期的一个判决中得到证明，CAFC 裁定涉及一种机械存在或改变的试验可以被申请。

---

❶ 尽管道富银行做好了准备，它也仅解决了"管理金融服务的一种数据处理系统……"真正由美国联邦巡回上诉法院审理的一种方法的首个案件是 CAFC 98－1338 AT&T vs. EXCEL[13]。

该案件目前正被美国联邦最高法院复审[1]。

尽管这些方法不是完全一致,但是它们应用了一个相似的概念,即对于可衡量的领域专利权是有限的。这促使我们在本书中就一个专利申请中包含什么样的信息是可取的提出了一般性的建议。

三个专利局都认为,创造性或显而易见性是审查过程中起重要作用的、非常至关重要的实质性要点。在欧洲、美国和日本之间有所不同。在欧洲,为了专利获得授权,要求发明必须解决技术问题。这意味着,为了确定正在被审查的申请的创造性(或创造性缺乏),其贡献也必须是技术上的。然而在日本和美国,创造性可以存在于非技术领域中。在本书中,关于创造性的最终结论是开放式的。示例将仅在一点上展开,即唯一开放议题应是特定的创造性存在。其中展示的案例将是静止的。而你大致清楚,这种主题的后续命运将依赖于可获得的现有技术状况和各个专利局的审查过程。

我们来更详细地看一下。

1.2.1.1 USPTO 的专利申请实践

在美国专利法中,可专利性标准是由专利法 35 U. S. C. §101 中的法定主题条款明确定义的。❶

美国专利法在由托马斯·杰弗逊最初制定后,于 1870 年和 1952 年已经进行了两次修订。在最近的这次专利法修订过程中,国会包含的一项意图变得清晰,即将法定主题认定为"包括世界上任意由人制造的事物"。这句话由 35 U. S. C. §101 的文本限制,意思是一个人仅可以取得方法、机器、制品、组合物的专利权。

抽象概念、自然规律和自然现象已经被排除在发明的四个法定类别之外。"自然规律的表现"属于"知识宝库的一部分",应当保持"对所有人免费,没有人可以独自占用"。数学公式(抽象概念)同样被排除在可以授予专利权的范围之外。地球上发现的新矿物或野外发现的新植物都不被认定为是法定(可专利)的主题。同样,爱因斯坦不会因为其著名的能量守恒定律 $E = mc^2$ 获得专利保护,牛顿的万有引力定律也不会。实际上,在 USPTO 面前,一个新颖的实用的数学公式[26]也不会获得多大成功。

1998 年联邦巡回上诉法院(CAFC)作出的关于对道富银行诉签记集团(State Street Bank vs. Signature)[27]一案的判决中,建立了这样一个原则:在美

---

❶ 35 U. S. C. §101:"凡发明或发现任何新颖而实用的过程、机械、制造物、合成物或其任何新颖而实用的改进者,都可按该法所规定的条件和要求获得专利。"

国，一件要求保护的发明，如果其涉及某些实际应用，是有资格通过专利获得保护的。用道富银行的观点来说，就是"产生一个有用的、具体的和有形的结果"。尽管当时被给予了相当大的重要性，但该原则的结果也仅仅是暂时的。通过后来 2008 年发布的决定发现检验方法不够充分。在 Bilski 重审[28]案件中，CAFC 的判决是，通过联邦最高法院陈述的"机器或转化检验方法"是适合应用的检验方法。那个决定已经被用于作为阐明有关商业方法专利处理的准则。现在，专利审查员和其他人在评估一个特定的商业方法或其他过程是否可专利时，必须看该过程：(1) 是否与特定机器或装置相连；或者，(2) 将特定的物体转化为不同的状态或事物。"机器或转化检验方法"的有效性正处于美国联邦最高法院的复审过程中。[1]

限制权利要求主题的使用范围通常是不足以使其他不合格的方法权利要求满足 35 U.S.C. §101 的。这意味着机器或转化应当在方法权利要求的范围上施加有意义的限制来通过测试。一个不具有法定过程资格的方法权利要求的实例是一项仅仅列出思维步骤的权利要求。那么为了具有法定过程的资格，该权利要求必须明确列举出与其相连的特定机器，如通过识别完成该方法步骤的装置，或者明确指出正在转化的物体，如通过识别正在变化至不同状态的物质。

根据 Bilski 案，不重要的解决方案以外的行为不会将不可专利的原则转化为可专利方法。这意味着在不重要的步骤中，详述具体机器或者具体物体的特定转化，这种数据收集或输出，不足以通过此测试。[29]

1.2.1.2　JPO 的软件专利[30]

➢ 资格

根据日本专利法[23]第 2 条，"法定发明"是"利用自然规律的创造性技术思想"。将主题资格与自然规律联系在一起的概念也可以在德国专利商标局所使用的术语"Technizität"的定义中找到。[15]确定与软件相关的发明是否构成"利用自然规律的技术思想的创作"，与以下几点相关。

在通过软件的信息处理实际上是利用硬件资源实现的情况下，主题是符合条件的。具体而言，如果主题是被以下特定的装置所定义，则被认为是具备资格的：

——与软件和硬件相关联；

——适合根据预定目的处理数据；

——构成信息处理设备或者专用于预期目的而操作这种设备的方法。

因此一个权利要求必须包括：

——输入数据（到处理装置）；

——处理步骤的详细描述（由输入数据的处理装置所执行）；

——输出数据（从处理装置）；

——硬件资源的具体描述（由处理装置使用）。[16]

在要求保护的发明中，如果通过软件进行的信息处理是使用硬件资源实现（如 CPU 和存储器）的，它就构成了"一个利用自然规律的技术思想的创作"。当特别适用于该目的的信息处理装置（机器）或操作方法由其中软件和硬件资源协同工作的具体方式构成，以便包容根据所述使用目的进行的算术运算或信息操作时，随之产生权利要求的主题将被认为是法定发明。

通过软件进行的信息处理不是使用硬件资源具体实现的，则要求保护的发明不被认为构成"一个利用自然规律的技术思想的创作"。

➤ 创造性（非显而易见性）[30]

检查完权利要求的主题相对于可用的现有技术是否是新的后，必须满足的下一个规定当然是创造性。一个要求保护的发明是否具有创造性，是通过本领域普通技术人员是否能够基于所引用的技术很容易地得到所要求保护的发明来确定的。这通过考虑如下问题来进行，从本领域现有技术状况知识到相关发明，行业技术人员将会做什么。

JPO 的审查员必须：

——识别权利要求的主题；

——识别现有技术；

——识别二者存在的区别；

——确定是否存在创造性。

有趣且需要留意的是，"不产生技术效果的特征也要考虑"是对欧洲观点的一个突破。这种非技术性效果可能是经济或管理性质的。

如果可以在说明书等文件中明确找到相对于引证发明的所要求保护的发明的有益效果，那么将在涉及创造性的肯定支持时予以考虑。

通常，在软件技术领域进行这样的尝试，即将在不同领域使用的方法和手段进行组合，并将其应用到其他领域以完成特定目标。

在日本，这通常在本领域技术人员的普通创造性活动的实践中予以考虑。因此，除非存在特殊情况（如存在某些明显的先进效果或排除了大量的技术障碍的因素），是不会考虑当前的创造性。

实际上，第一个障碍是相当大的即主题是否是法定的问题，但是对于创造性，在非技术领域的不明显改进也可能被接受。

1.2.1.3 EPO 的专利申请实践

在 EPC 第 52（1）条中概括了 4 个关键的可专利性规定。❶
在一个专利可以被授权之前必须克服 4 个"障碍"：

- 发明必须具有技术领域。
- 发明必须是新的。
- 发明必须具有创造性。
- 发明必须具有工业实用性。

> 发明是否具有技术领域？

EPC 没有对术语"发明"进行定义，但是在 EPC 第 52（2）条和第 52（3）条中，给出了不认为是发明的一个示例列表。这些条目据称被排除在可专利性之外。列表中包括从事商业的方法本身和用于计算机的程序本身。"本身"一词标准的表达清楚地限定了排除的范围。它表明立法者并不想排除所有包括某些计算机层面的程序或者涉及商业方法发明的可专利性。

在 EPO 判例法中，术语"发明"与所谓"排除规则"一起，可以理解为表明"技术特征的要求"或"技术性"（从德语的"Technizität"翻译而来），其应当被执行以使所要求保护的发明可以获得专利权。[9] 因此，"具备技术特征是一项发明为了成为 EPC 第 52（1）条意义上的发明而要满足的 EPC 的绝对要求"。[8] 包含"技术手段"的方法是 EPC 第 52（1）条意义上的发明。[10] 那么，术语"发明"的更宽泛的解释就包含了如此熟悉以至其技术特征往往被忽略的活动，就好似使用笔和纸写字的行为。然而不用说，这并不意味着包含使用技术手段的所有方法都可以被授予专利权。它们仍然必须是新颖的，对于技术问题提出了非显而易见的解决方案，并且易于产业应用。[10]

不需要任何现有技术的知识来检验主题是否展现了"技术效果"或具有"技术特征"。一项发明的技术特征甚至不必须是新颖的。有许多笑话是围绕车轮专利的，但是没有人仅仅因为它相当公知而怀疑其具有技术特征。

> 主题是否具有新颖性和创造性？

下一个重要的检验就是权利要求的主题是否是新颖的。这意味着组合中的所有特征不必在一个单独的文档中一同公开。

审查了权利要求的主题是否是新颖的之后，在 EPC 第 52（1）条的最后条件是存在创造性。

在欧洲，对于创造性评估最普遍接受和广泛使用的检验就是"问题及解

---

❶ 即：欧洲专利应当授予所有技术领域易于产业应用、具有新颖性且包含创造性步骤的所有发明。

决途径"。其最初被发展来确保创造性的客观评价,以避免存在不同观点的情况下进行现有技术应该如何实施的事后分析。在本书的上下文中,"问题及解决途径"是有用的,因为它清楚地阐述了客观技术问题的存在是必要条件的观念,这源自 EPC 细则第 42 条。

典型的"问题及解决途径"被上诉委员会部分用于计算机实现的发明的审查中:

(i) 第一步,审查该发明是否显示了"技术特征"。没有现有技术的知识就可进行。

(ii) 是否技术特征和非技术特征混合存在(混合类型的权利要求)。

(a) 确认权利要求中的非技术特征;

(b) 从权利要求书和说明书的非技术特征得到必要说明,以使本技术领域的技术人员(如计算机科学的专家)了解非技术概念。

(iii) 根据所要求保护的主题和相关说明的技术特征来选择最接近的现有技术。

(a) 如果最接近的现有技术为众所周知的普遍常识(如计算机网络或通用计算机),那么没有必要用书面证据证明其存在;

(b) 否则,检索描述技术特征的最接近的对比文件。

(iv) 确定与最接近的现有技术❶的区别。

(a) 如果没有,根据 EPC 第 54 条提出反对意见;

(b) 如果区别不是技术上的,没有解决技术问题。根据 EPC 第 56 条提出反对意见;

(c) 如果区别包括技术方面:

(I) 考虑到必要说明,构想了客观的技术问题❷;该客观技术问题的解决方案必须包括上述所确定的区别技术方面;

(II) 如果对于本领域技术人员来说技术问题的解决方案是显而易见的,则根据 EPC 第 56 条提出反对意见。

值得注意的是,在这种审查方法中,权利要求的非技术方面,特别是在非技术领域要实现的目的,是不能在阐述技术问题时使用的。[22]

然而,在提出所要解决的技术问题时必须谨慎。仅仅声明使用了"用于执行智力活动的技术手段"通常没有解决任何技术实现问题,因为它没有详

---

❶ 不是必要文件,见(iii)(a)。

❷ 在权利要求指出目标在一个非技术领域完成的情况下,该目标可以在问题设定时合理地显示为将要解决的技术问题框架的一部分(Cf. T641/00 COMVIK[22])。

细说明技术手段如何真正实现该智力活动。审查员面临的一个典型表达方式可以"通过平均年龄计算装置确定平均年龄"来示例。在这种情况下，如果技术手段本身是已知的（任何计算装置），那么很可能引起不存在技术问题的反对意见，从而不满足 EPC 第 56 条的要求。

相反，如果在权利要求中详细说明如何实现智力活动，那么该技术问题将很好地存在于实现其本身的某个位置。那么将必须研究的就是这种方法的技术实现对于本领域技术人员是否是显而易见的。[24]

➤ 技术性问题/技术特征问题

在很多情况下，审查员在审查过程中必须确定某些特征是否是技术特征。术语"技术性"一词在 EPC 中没有定义。

对于 EPO，以下给出的概括性描述被上诉委员会所接受，因而也在审查过程中被接受为所谓软件背景下的技术性，包括：

——处理物理数据是技术的。物理数据，可以是如表示图像的数据或者表示工业过程的参数和控制值的数据。

——影响计算机运行方式的处理（如改变操作系统或图形用户界面的操作方法，节省内存、提高速率或提高安全性）是技术性的。

特别要注意的是，例如，仅仅是第一计算机程序比第二计算机程序运行更快这一事实，不能使其是技术性的。通常只有影响计算机运行方式的处理（即对于所有类似应用都变快），才能够为这种主题带来技术特征。

作为后来的一个转折，2008 年 11 月，EPO 局长向扩大上诉委员会提交了关于排除计算机程序可专利性的一系列问题。该提案悬而未决，案件编号为 G 3/08。[12]

该提案想要提出一个请求，用于澄清不仅在一个权利要求作为整体落入排除范围的情况，还包括与计算机程序相关的单个特征可能对权利要求的技术特征作出贡献的情况（这种情况下对于评价新颖性和创造性是起作用的）。

➤ 工业实用性

通常，如果一项发明可以在某一产业上制造或使用，就认为是易于产业应用。在本文中，术语"工业"可以被认为是具有非常宽泛的含义。实际上，几乎每一项不直接与人类的私人领域相关的人类活动都可以认为是工业的。

1.3 本书结构及案例教学法介绍

笔者将审视与软件和计算机实现相关联的各种不同领域。所有都使用以下相同的方法进行表述。

对于每个领域，以复杂性逐步增加的顺序给出案例。每个案例代表一件专利申请。

开始是"说明书"。其中的信息可以想象成一个虚构的专利申请说明书的一部分。它包含足够的细节，从而使整个案例可以被理解。这意味着对与当时正在讨论的版本的案例相关的技术和非技术特征进行了解释。然后，说明书的内容在审查员的报告中用做备选材料，譬如申请人在讨论时可以要求引用。必须假设的是，在最初提交的申请中没有更多的信息可用。

接着列出一个"权利要求"（有时是多个权利要求）。试图以权利要求的语言确切地阐述说明书中列出的申请内容。权利要求书是作者给出以下观点的基础，也是审查员讨论的要点。

在每个案例的最后部分，以"审查员观点"的形式总结出了审查员从中看待这类释义的方式。审查员可能提出的反对意见，其在不同的司法管辖区可能也已被提出了；讨论授予专利权的机会，如果有必要，可以引入一个假定的最接近的现有技术状况，并用于讨论如何可以开展创造性（显而易见性）的论证。权利要求书始终是讨论的基础，说明书被作为补充信息的来源。

在任意一个地区，假定专利申请都是基于一个特定的创新型思路。从一个实例到另一个实例，增加或改变了许多信息，以影响获得专利的机会及阐明你可能面对的特殊问题。

后续章节考虑的领域有：
- 商业方法；
- 管理方法；
- 数字版权管理（DRM）；
- 数据库和数据库管理系统（DBMS）；
- 计费和支付；
- 图形用户界面（GUI）；
- 模拟；
- 游戏；
- 电子学习；
- 医药信息学；
- 数学方法。

参考文献

[1] 参见：[EB/OL]. [2009-08-18]. http://www.supremecourtus.gov/docket/08-946.htm.

[2] 电信服务协会: 电信术语词汇表 [EB/OL]. [2009 – 01 – 07]. http://www.its.bldrdoc.gov/fs – 1037/dir – 034/_ 4956. htm.

[3] 新一届政府关于美国专利商标局考虑的建议, 美国商会主办 [EB/OL]. [2009 – 01 – 03]. http://www.theglobalipcenter.com/NR/rdonlyres/e5txnmjhsn5mjbtvtazna33y3dimpz5cuxtg – jeix4wix3dqpiy5domrryniqsbo6rr7xbe64tcijitq6hxnlts7u3xb/USPTOPatentProjectFINAL. pdf.

[4] 提高律师的专利质量 [EB/OL]. [2009 – 01 – 03]. http://www.epo.org/about – us/office/annual – reports/2007/focus. html.

[5] John Tukey. 创造性词汇: "软件 (software)" 和 "比特 (bit)" [EB/OL]. (2000 – 07 – 29) [2009 – 03 – 06]. http://articles.latimes.com/2000/jul/29/local/me – 61253.

[6] CAFC 96 – 1327: State Street Bank vs. Signature [EB/OL]. [2009 – 03 – 06]. http://www.law.emory.edu/fedcircuit/july98/96 – 1327.wpd.html.

[7] US5960411, 欧洲专利公开申请 EP0902381.

[8] 上诉委员会判决 T1173/97&T935/97: 计算机程序产品推论 4.1 [EB/OL]. http://legal.european – patent – office.org/dg3/pdf/t971173ep1.pdf.

[9] 上诉委员会决定 T931/95: 养老金福利计划/PBS [EB/OL]. http://legal.european – patent – office.org/dg3/pdf/t950931ep1.pdf.

[10] T258/03: 拍卖方法/HITACHI; 推论 4.6 [EB/OL]. http://legal.european – patent – office.org/dg3/pdf/t030258ep1.pdf.

[11] 关于工业资格的威尼斯法令 (1474); 版权的主要来源 (1450 – 1900), 主编: L. Bentley & M. Kretschmer [EB/OL]. [2009 – 08 – 18]. http://www.copyrighthistory.org.

[12] 给欧洲专利局扩大上诉委员会的建议 G3/08 [EB/OL]. [2009 – 03 – 17]. http://www.epo.org/topics/issues/computer – implemented – inventions/referral.html.

[13] CAFC 98 – 1338, 见: [EB/OL]. [2009 – 05 – 26]. http://www.law.emory.edu/fedcircuit/apr99/98 – 1338.wp.html.

[14] Diamond v. Diehr, 450 U.S. 175 (1981) [EB/OL]. [2009 – 05 – 26]. http://supreme.justia.com/us/450/175/.

[15] 德国联邦法院 Logikverifikation 的判决, BGH ref X ZB 11/98: "如果该解决方案旨在通过技术知识以不同的方式提升制造技术上可行产品的可能性, 那么一个涉及在实物产品之前基本上借助于计算机执行中间步骤的方法, 由于其避免了对大自然可控制力的直接使用, 因而不能被排除在可专利范围之外。"

[16] Keiko KAWAKAMI 和 Yutaka OSAWA 2008 年 5 月 16 日在欧洲专利局提出的报告: 在日本获得基于计算机实施发明的专利 [EB/OL]. [2009 – 03 – 26]. http://www.miplc.de/cii/information/schedule/2008 – 05_ MIPLC_ CII – Kawakami_ revised.pdf.

[17] Harold C. Wegner. 亚太地区的专利协调, 1995 [EB/OL]. [2009 – 03 – 07]. http://apli.org/ftp/pacific – rim.pdf.

[18] US5, 960, 411 Hartman; Peri (Seattle, WA), Bezos; Jeffrey P. (Seattle, WA), Kaphan; Shel (Seattle, WA), Spiegel; Joel (Seattle, WA), 通过通信网络下达订购单

的方法和系统。

[19] 亚马逊申请的欧洲专利。

[20] [EB/OL]．[2009-03-22]．http：//www.finnegan.com/resources/articles/articlesdetail.aspx? news=66704c14-1799-4bf295b1-11fb3b810c2d；也可参见 [EB/OL]．[2009-03-22]．http：//altlaw.org/v1/cases/409473.

[21] [EB/OL]．[2009-03-23]．http：//www.wipo.int/classifications/ipc/en/.

[22] T641/00 Two identities/COMVIK；批注。

[23] 日本专利法（英文版）[EB/OL]．[2009-03-26]．http：//www.wipo.int/clea/en/text_html.jsp? lang=en&id=2652.

[24] T38/86Text Processing/IBM，批注。

[25] [EB/OL]．[2009-03-25]．http：//www.vawd.uscourts.gov/OPINIONS/CONRAD/DEDELLMSJ2.PDF.

[26] 美国专利商标局指南 [EB/OL]．[2009-03-14]．http：//www.uspto.gov/web/offices/pac/mpep/documents/2100.htm.

[27] 149 F.3d 1368（Fed.Cir.1998）[EB/OL]．[2009-03-14]．http：//bulk.resource.org/courts.gov/c/F3/149/149.F3d.1368.96-1327.html.

[28] In reBilski，545 F.3d 943，88 U.S.P.Q.2d 1385（2008）[EB/OL]．[2009-03-14]．http：//www.cafc.uscourts.gov/opinions/07-1130.pdf.

[29] 鉴于 In Re Bilski 案对于审查过程权利要求的指导 [EB/OL]．[2009-03-24]．http：//www.uspto.gov/web/offices/pac/dapp/opla/documents/bilski_guidance_memo.pdf.

[30] 日本专利和实用新型审查指南；计算机软件相关发明 [EB/OL]．[2009-03-24]．http：//www.jpo.go.jp/cgi/linke.cgi? url=/tetuzuki_e/t_tokkyo_e/1312-002_e.htm.

[31] [EB/OL]．[2009-03-24]．http：//en.wikipedia.org/wiki/NTP,_Inc..

[32] 普林斯顿大学档案馆．善本特藏部．普林斯顿大学图书馆。

第二部分

第 2 章　　商业方法

第 3 章　　管理方法

第 4 章　　数字版权管理

第 5 章　　数据库和数据库管理系统

第 6 章　　计费和支付

第 7 章　　图形用户界面

第 8 章　　模　　拟

第 9 章　　游　　戏

第 10 章　　电子学习

第 11 章　　医学信息学

第 12 章　　数学方法

第 2 章
商业方法

摘要

在一些地区，专利授权最具争议性的领域是"商业方法"。而在一些司法管辖区，特别是美国，随着时间的推移，对申请的处理已经积极地偏向了申请人。而在欧洲，对给予专利保护的必要性和恰当性仍持普遍的怀疑态度。EPO相关领域判例法的发展经历了三个主要阶段，即从 20 世纪 70 年代末期到 80 年代中期，称为形成期，这一时期，数据处理设备实现的发明成了最引人注目的庞大领域；其后是 1985~2000 年，以及最后这个阶段。在 20 世纪 90 年代末，申请量有了一个快速增长，这一增长与接收的申请内容质量明显降低密切相连。

在商业方法领域，点燃"数量"爆炸火花的是美国道富银行的判决。许多专利方面的专家和抱有希望的企业家对判决给出的解释是：现在，任何事情都可以申请专利。这关系到"如何赚钱"的想法，并且普遍的观点似乎是主张欧洲应该效仿美国的做法。爆炸的燃料是"做生意"绝对优先的信念，氧气则是"贪婪"。通常这并不罕见，当"贪婪是资本主义的发动机"这一主题得到合理控制，它也会很好地服务于公众。这种情况下，它将会显露出对不稳定因素的控制能力。

然而，在欧洲，专利制度比一些可能有的期望和担心更缺乏灵活性/不稳定性。有时它被看做是迟滞的或守旧的，并且其稳定性很少被意识到，除非轻率的举动和逆向活动所产生的消极后果明显呈现。

在欧洲，通过各种方式呈现出来的普遍共识是：一项可被授予专利权的发明应该是技术发明。然而，稍显不同的社会行为方式似乎使英国的系统在某种程度上更喜欢通盘检视并持有"你不能蒙蔽我们的眼睛"的心态，而德国的系统则走的是认真的系统化思考和全面价值评估路线。

这些内容将根据案例进行讨论，但是可以作如下概括：通盘检视的观点是，"即使存在一台计算机又如何呢？基本思路是一种简单的商业方法，所以可以排除。"而系统性的观点是，"存在一台计算机……它是做什么的并不重要，但是它在那里，因此作为整体事件不被排除。更何况，使用计算机来做喜欢的事是显而易见的"。

前者的路线具有实用价值，并且在普通人可以把握的范围内，它通常表现得过于理智。在判例法发展的早期和中期，它普遍遵循上诉委员会的"贡献论"原理，所以之后很容易被国家法院所采纳。

而后者，系统方法的风险值就像婴儿会连同洗澡水一起被倒掉的风险一样小。在经过分析提交给上诉委员会的这种"技术特征"相似的案件越来越多的情况下，那些缺乏灵活性的国家法院就可能会面临修改它们工作方式的痛苦。

商业方法领域的申请范围从含糊其辞讨好客户的愿望到高度精确的股票价格评估水晶球。继美国法院对于"道富银行"著名的"什么都行"的判决后，这样的申请当中经常不包含任何技术内容。这即刻被认定为明显缺乏专利性，从而遭到了来自EPO和某些国家局铺天盖地的驳回。

鉴于2008年开始的股市动荡，投资机构为了"更好地抵御风险和获得投资收益"和"提升股票价值"的专利和专利申请的例子几乎无助于提高专利制度的认知价值。此类申请仍照例被送达专利审查员的办公桌上，随之而来的是申请整体水平的问题，以及如何更好地组织这类专利申请成了特别令人感兴趣的事情。

一个相关问题也应该被提及和阐明，即一件申请的原始内容以及应该如何考虑在具有不同要求的区域进行提交。这使得需要了解，在怎样的情况下，申请人可以或不可以为了添加信息而修改申请。在本书中，笔者以自己的观点，通过从一个层级到另一个层级改变主题来增加申请成功的可能性。它不可能推翻所有审查部门对申请提出的证据和驳回，但会揭示灰色阴影下的风险水平。

通常，申请人在起草申请文件时缺乏常识，或者只考虑了个人需要而没有考虑地区要求，有时甚至没有一点考虑。这方面经典的例子是，当一个申请被按照美国标准起草时，欧洲代理人只能发出无知的抗议，或是简单通过。如果你是申请人或代理人，并且你认识到了这种情况，那么你问问自己，无论你多么信任你的医生和你的汽车修理工，不管他们在自己的工作岗位上做得多么好，是不是你都会忽略其中一个人的意见？

你真的想承担刹车失灵时车祸造成的损失或吃错药产生的副作用吗？

如果你是自我治疗或决定自己更换刹车片，那么，好运来了，我们希望这本书能帮助你。

在美国的制度中，由最受追捧的想法构成的技术细节往往被视为不必要的，甚至是有害的。在当前的例子中，我们将仔细考虑通过不同的信息化水平来拍卖商品的想法，以使卖方获得最佳的整体价格/吞吐量平衡。一个欧洲代理人可能会上下跳跃点击着手指，恳求将技术细节添加到申请中，以便允许当他后来如期面对来自 EPO 或其他局提出的异议时，有回旋的余地。如果这些细节不在申请中（至少在说明书中），那么代理人最后将面对一些应该考虑的问题。当申请的撰写人认为某项技术细节非常的自明、无趣、无足轻重而不值一写时，证明一项涉及一个数据处理设备系统的所有部分如何以非常巧妙和具有创造性的方法操作数据的技术发明是有些困难的。这种印象在销售优势、营销理念背后的哲理以及商业计划的组织单位名称占有显著空间的环境下形成。

这些细节都不能成为一项技术发明存在的阻碍。作为一个论据，一个代理人在 EPO 面前，最坏的情况下也只需作简短的介绍，而在以英国为例的某些专利局面前则似乎需要更长的论证。不管怎样，在欧洲系统中，实施适当的规范所允许的零星技术细节的缺乏和认为是必需的技术发明的解释构成了这样的一个障碍。

特别是美国申请人似乎往往不欣赏 EPC 与在先申请系统相关的核心 EPC 条件，即申请人不能之后简单地加上超越原始申请提交内容的技术事项。尽管等效限制存在于他们自身的法律之中（35 U.S.C 112、MPEP 2163.06，尽管实际上在日本的法律中这与发明的统一性相关），其因重点的不同而很少被严格应用，而在欧洲，它却是法律制度的基石。虽然传统上欧洲申请系统比日本更具双边性，但两个先申请制系统已经缓慢地并行了许多年，包括 2007 年在日本对提交分案申请的可能性进行的修改。

在先申请系统中，必须往一件申请中添加内容的可能性是非常小的（否则，如果你仔细想想，它将会使整个想法毫无意义）。显然，当申请人希望或需要添加一些东西不被理解，且允许改变的可能性很小时，这将会是一个巨大的刺激！

因此，在起草一份原始申请时，申请人确实应该考虑：(a) 接受付费的专业意见；(b) 同意这个申请不仅包括一个司法管辖区域主要感兴趣的事项，而且另外的区域对其也感兴趣。这可以消除或简单地"弱化"当进入纯粹的区域性诉讼时，由此带来的权利要求的修改和论证方向。不这样做，在一些区域就会近乎自动地宣布申请是无关、无用或驳回。这至少会使申请及其处理变得非常昂贵，并且在中期和长期很难见效。

例如，在过去的十年中，相当典型的措辞最初在申请中占了很大的百分比，而在之后的欧洲、日本以及美国的最新判例法的一致性处理中却最终变得不那么频繁了（试图以此降低一切都可以获得专利权的期望值）。

2.1 案例1：销售方法

2.1.1 说明书

当一笔业务希望出售某件商品时，可能会面临一个问题，即具有不同支出限制和购买需求水平的客户可能同时存在于市场当中。这时，该销售业务就会处于一种对如何定价存在疑虑的状态中，太高了，可能永远找不到买家，太低了，随着时间的流逝可能不能赢得足够的利润。为了克服这个问题，卖方可能采取拍卖或者使用"储备金"（价格过低，他们将不再销售）的办法。

不管怎样，这可能轮流导致竞争性买家考虑在卖方能够接受的价格上购买，从而希望设置不同的关于准购的"边缘性"条件（如部分或全部的购买量、保险、法律上的"退出"条款、交货条件等，见图2.1）。

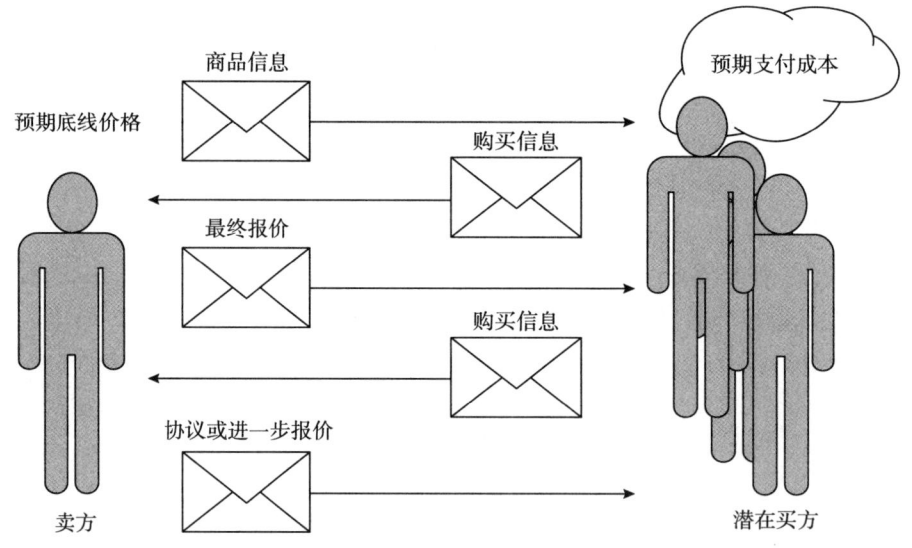

图2.1 商品销售方法

在这种情况下，为了找到最佳设置条件，包括基准价格，举行二级拍卖的想法被提出。以此使卖方和唯一留下来的买方之间达成一组最具可能性的条件，从而为双方签署协议做好准备，并由此反映出真实的市场价值和商品销售情况。

2.1.2 权利要求1

一种商品销售方法，包括以下步骤：

(a) 提供有效的商品信息给潜在的买主；

(b) 接收潜在买主的报价，包括采购条件；

(c) 考虑收到的报价和条件；

(d) 确定最后的价格和可接受的条件；

(e) 如果有一个潜在买家满意步骤（d），那么销售商品给此买家；

(f) 如果步骤（e）不满足，那么复查步骤（d）的价格和条件，并且重复步骤（e）。

2.1.3 审查员观点

希望只有少数读者不同意笔者的结论，即在欧洲系统中，这样一个权利要求几乎没有希望。缺乏诚意的意见是：商品是物，并且相关论据表明，由于物被管理，对"真实世界"有影响，因此在大多数欧洲政府面前不太可能产生结果，包括EPO。专利审查员总是在努力寻找实际正在做什么，在此，他会宣称，所有正在做的其实就是一笔简单的人类交易，并且出错的危险性很小，因此只是一个没有技术特征借口的商业方法。

虽然在一些欧洲的国家机构，例如，英国，也可能是丹麦或波兰，由于关于如何贴近这种主题存在不同观点，则逻辑可能遵循略显不同的路径，其结果可能是沟通不畅。在欧洲，由于审查结果确实十分相似，这种差异对于申请人来说实际上不会造成非常大的影响。由于所有可以考虑到的其具备的技术特征都没有特点，它可能会基于专利性"本身"有一个异议；它也可能只是一个权威性的"安全"策略，并且需要注意的是，由于没有技术问题或解决方案存在，其会被认为是缺乏创造性（负面问题解决逻辑基本原理）；再或者，为了技术人员实施，申请甚至可能会被认为是公开不充分（因为没有什么技术可供实施）。

不管怎样，在欧洲，底线是这样一个权利要求实际上可能没有授权机会，甚至可能由于缺乏专利性而被驳回。

具体例如，欧洲审查员可能会认为对现有技术进行有意义的检索是不可能的。如果是这样，申请人将收到一个无检索声明来代替检索报告（唉，竟然没有一个费用偿还机制！）。继续以这种方式作出的决定在于称职的检索审查员之前与申请人进行的实质性讨论，而不是其本身的诉求。这并不意味着永远不进行检索。如果后来认为一件具有高度有效性推定的驳回决定不可能在没有引用书面证据的情况下被可靠地撰写出来,那么及时纠正将是审查员义不容辞的责任。即使申请人和他的代理人变成魔法师扭转了局面,在任何可考虑的授权之前,检索当然仍是有必要的。或许应该注意到,虽然当申请人收到一份替代检索报告的无检索声明时没有想过会偿还费用,后续的("额外的")检索也不会收取费用,甚至在正常的程序中产生了被认为是不必要的和 EPO 控制之外的延误时也是如此。

在美国,虽然申请人不一定成功,但对待申请是严肃的,尽管有些申请出人意料或令人担心。当公众或公职人员在分析这种被作出接受或驳回决定的被定义主题的专利性时,阅读显然相当复杂的关于数据物理性质的哲学可能性的理由也许会有些沮丧,并奇怪为什么皇帝不穿衣服。

因此,让我们把技术定义水平提高一点。

在欧洲,驳回这样的申请遵循一致性并且相当直接,而日本则是相对消极的态度。此外,"阳光下任何事物"态度的变化最初是由 USPTO 造成的,后来强硬化的态度招致了大量的批评。许多申请人意识到,至少具有一些技术特征是一个好主意。在商业方法的案例中似乎总是涉及计算机或无处不在的"互联网数据"。这至少为灰色的阴影带来了些许光明。

2.2 案例 2:网络销售方法

2.2.1 说明书

卖方和买方为了商品的销售/购买打算以拍卖的形式进行谈判,但不利之处是,对于复杂的谈判,双方之间必须在同一时间、同一地点反复地交换相关信息。

为了实现这一要求,双方依托通信手段是可取的,尽管地理上或逻辑上处于各自独立的位置。如果可以这样做,建议建立网络,允许各方之间的信息传递,以可检索和使用数据的方式存储信息,并允许通过网络传递响应(见图2.2)。网络实施可以使用各种数据传输协议或电信基础设施。

这样一种高效能的信息流,克服了传统的不利条件,消除了对于市场准入性的限制,因此提高了货物的流动性和利润水平。

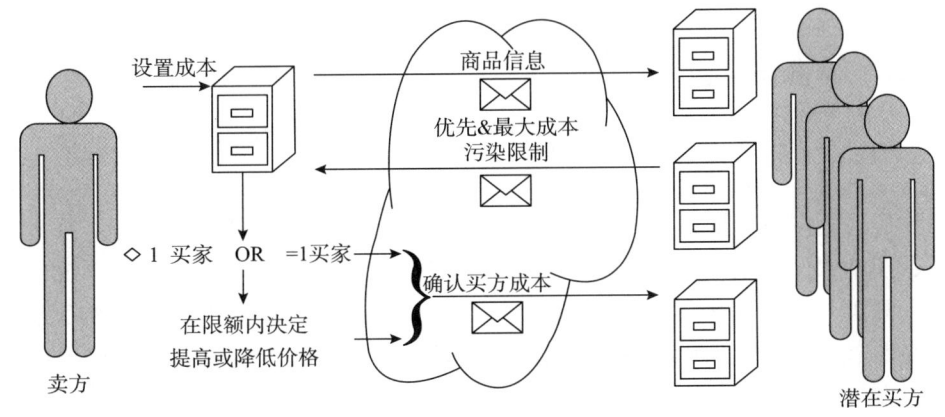

图 2.2 通过网络销售商品的方法

2.2.2 权利要求 2

一种通过网络销售商品的方法，包括如下步骤：

(a) 通过网络向多个潜在买家传输被销售商品的信息；

(b) 通过网络从潜在买家接收多条商品信息，每条商品信息都包括一个首选价格和一个最高的可接受价格；

(c) 存储从各个潜在买家接收到的信息条；

(d) 设置一个价格；

(e) 使用步骤（c）存储的接收信息条，确定是否有潜在买家提出的首选价格等于或高于（d）设定的价格；

(f) 如果在步骤（e）不能确定可接受的买方，那么降低设置价格，并重复步骤（e）；

(g) 如果在步骤（e）发现有一个以上的潜在买家，那么确定是否有一个以上的首选价格等于或高于设置价格的潜在买家，以便运用存储的拍卖订购信息条产生竞争状态；

(h) 如果产生竞争状态，那么通过预定值提高拍卖价格；

(i) 排除提出的可接受价格低于提高后的拍卖价格的潜在买家，并且指定其他的潜在买家或使用拍卖订购信息的潜在买家；

(j) 判断是否竞争状态在潜在买家或步骤（i）指定的潜在买家之间发生；

(k) 重复步骤（h）、（i）和（j），当步骤（j）无竞争状态时，将剩余的潜在买家确定为有效的潜在买家；

(l) 如果步骤（g）没有竞争状态出现，则将剩余的潜在买家确定为成功的潜在买家。

2.2.3 审查员观点

读者直接的倾向是在这样的权利要求措辞中开始"填空"。完全的技术新手会读到某些"技术性语言"术语,并且假设有某些复杂的事情发生。当有某种形式的网络和协议在说明书中被提及时,最初设想的结构涉及许多技术特征、控制软件、硬件和 I/O 细节是很自然的。无论怎样,当从设想的系统中倒退一两步,并且考虑了实际定义时,需要注意的是,事实上,我们的案例 1(商业方法)与本案例之间唯一的区别就是在第二个版本中有某种不确定的网络存在。

然而,假设这个定义由审查员解释,根据说明书,由于这意味着一些流行的技术型电信网络(而不是被刻意曲解的人际关系网络,这不适合中立的审查职能)的利用,则欧洲系统的第一个障碍已被克服。这第一个要求是在权利要求事项中有一定量的技术定义,并且满足于仅仅存在于此数据通信网络的权利要求中。

跟随上诉委员会应用的逻辑,即便是用于支持非技术方案的纸和笔都给出技术特征,甚至一些具有技术特征的方法所涉及的模糊暗示都足以从缺乏专利性的思考发展到新颖性和创造性的精彩世界。它就像通过一扇随风摆动的大门进入夜总会,却只看见了一个非常高大威猛的看门人在里面。

这个绝对的、因为非常琐碎而被直接注意的临界点通过大西洋两岸判例法之间所谓"适当的规范"为媒介的相对和解来表达是可能的。其反响在欧洲的数学建模判例法、美国的创造性考虑以及其他的一些机制中可以发现。这一点,与夜总会门口坚决要求最低礼貌着装的道理相似。

不管怎样,我们现在可以继续向前,去正确添加那些上述缺少的"想象中的"技术细节。

2.3 案例 3:自动化网络销售方法

2.3.1 说明书

在进行商品或服务的在线拍卖时,必要的人工操作参与导致了相当大的参与交易成本。本申请通过将一种迄今为止未知的自动化程序引入多层拍卖过程中,来解决当前操作者存在的问题,该申请允许用户将正常运转的拍卖委托给数据处理装置系统进行(见图 2.3)。在拍卖中,竞争对手可能了解也可能不了解这个自动化程度，但是他们同样可以利用系统自动应答方式，根据事先设定的规则进行相互沟通协商，以得到一个令各方满意的结果。

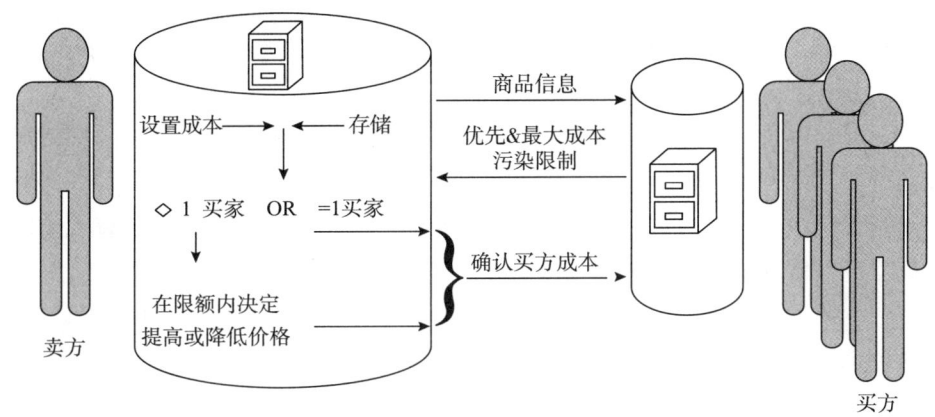

图 2.3　在一个服务器数据处理设备中执行的自动化销售方法

此外，相当大的优势是，所涉及的设备可以遵循一种预先设定的定时模式，以便人工干预，或者选择替代，或在预先设定的环境下以最佳效率操作，以在最短的时间内，以比不使用先进的技术手段和知识的实施案例更为有效的方式，解决有关信息管理和规则处理方面的技术问题。

2.3.2　权利要求 3

一种在服务器数据处理设备中执行的自动化销售方法，其包括如下步骤：

（a）通过网络将被销售产品的信息传递给多个客户端数据处理设备，所述信息中包含生产污染信息。其中，每个客户端数据处理设备代表一个潜在买家；

（b）通过网络从多个客户端数据处理设备分别接收拍卖订购信息，每条信息包括一个首选价格、一个竞争状态最高价格以及针对所述采购产品的可接受生产污染信息；

（c）将从各潜在买家接收到的拍卖订购信息存储至服务器数据处理设备；

（d）设置一个拍卖价格；

（e）使用存储在服务器数据处理设备中的拍卖订购信息确定是否有提出的首选价格等于或高于拍卖价格的潜在买家；

（f）如果在步骤（e）没有找到潜在买家，那么降低拍卖价格，并且重复步骤（e）；

（g）如果在步骤（e）有一个以上的潜在买家，那么使用存储在服务器数

适用于计算机领域从业人员的专利法实例

据处理设备中的拍卖订购信息,判断是否有一个以上的潜在买家,拍卖价格小于或等于其首选价格,以使竞争状态发生;

(h) 如果竞争状态发生,那么通过一个预定值提高拍卖价格;

(i) 排除提出的可接受价格低于提高后的拍卖价格的潜在买家,并且使用拍卖订购信息指定其他一个或多个潜在买家;

(j) 判断在步骤(i)指定的一个或多个潜在买家中间是否有竞争状态发生;

(k) 重复步骤(h)、(i) 和 (j),并且在步骤(j)无竞争状态时,将留下的潜在买家确定为成功的潜在买家;

(l) 如果在步骤(g)没有竞争状态发生,那么将留下的潜在买家确定为成功的潜在买家。

2.3.3 审查员观点

现在审查员面临比以前更加错综复杂的考虑。他将寻求打破商业和技术之间的这些问题,而在本案中,这并不十分容易。

首先,他将面对这样一个事实,尽管正在被处理的数据是用于本质上基于商业考虑的购买/销售/谈判系统,但它与生产污染相关。当然也与专业技术人员的各种因素有关。在现实世界中,如果污染方面有影响,那么商业方面也可能与之相关。

我们生活在一个污染"权"被一些社会团体交易、征税和处罚的世界里。而这些社会和财政压力由产生污染的工厂、擦洗清洁废气的技术设备、降低操作温度和开发替代物质所引起。在何种程度上披露污染水平所造成的影响以及如何控制它们呢?

本案的回答是,很难找到线索。审查员因此必须继续深入探索第二个专业技术人员可能感兴趣的领域,并且检查数据如何提供给计算机网络和被定义的处理器单元的交互系统。由于交易和数据处理仍然是基于商业和管理方面的考虑,答案仍然是否定的。系统可以有它更为系统化命名的组成部分,但实际执行的方法本质上依然是一个拍卖。

于是,最后一步的考虑又重新回到第一方面,即与生产污染有关的数据,并且检查其与数据网络和处理方面是否具有直接的联系。

这是本案中没有的。

全面检查的不仅仅是所定义的特征及其相互作用,也包括正在被处理的数据、应用规则,以及与有目的地使用系统的可能关联(即与污染及污染控制方面有充分特定的关联)。接下来,很有可能的是,审查员将基于权利要求项的独创性形成一个否定的观点。由于没有技术问题被指出，其充其量也只是一项关注商业方面污染的商业方法的实现。

审查员是否会从专利局的角度引用这样一个网络书面证据，是既不确定也不重要的。为了撰写一份申请的驳回决定，必要的引证是政府部门应该考虑的。假设申请人有权回应那个驳回，那么任何时间权威机构都可能因为它不会改变已经制定好的路线而仅仅是增加了做决定的决心。

在此之前，商业方法看起来绝对负面。请记住，不管怎样，灰色正渐渐淡去。难道不应该去不断寻找与政府部门深入讨论案件的创造性价值的机会吗？

2.4 案例4：电力生产管理中的自动化网络销售方法

2.4.1 说明书

在现代社会中，财务价值已成为多方面的，不仅包括根据货币限制的生产必需，而且也要求生产者和消费者对他们的行业产生的环境影响负起责任。

虽然在某些法律强制执行的情况下，污染的限制可能随着知识影响水平的发展而迅速变化，而从另一角度，无形成本可能超过向排污单位直接强征罚款所作的贡献。企业的"绿色证书"可能十分脆弱，需要不断地监督或自我强制管理，以确保它们不会因从第三方购买超标产品或商品而受到损害。

电力生产商在任何特定的时间接受电力商品生产供应合同时，由于认同了信息流必须传播，因此必须回应这种需要，并有效地提供给购买客户，这不仅是为了让那些电力购买量不超过限额的客户安心，也使电力公司在技术、生产、经济等方面发挥最大功效。

具备专业技能的读者可以体会到电力负荷及其引起的相关污染是相互关联的，当考虑从天平一端的矿物燃料和核反应堆到另一端的风力发电和生物质使用等多种能量产生方式时，动态的交互式供需平衡特征和信息的技术产能在有关电力是如何以迭代、集成和交互的方式产生、分配、定价、销售和控制等产业图景方面产生了相当大的现实影响。

目前，数据库在支持电厂的控制和行为时必须是无缝的，它不仅包括存档的功能，而且包括利用数据流持续管理合作中的客户和生产商的需求和限制。因此，工厂的有效控制在客户第一、生产第二以及最终监管机构的约束下是自动化的。自然，由于强制性限制是行政性的，那么在工厂和传输设施的技术约束方面超出控制方的预期也是可能的（见图2.4）。

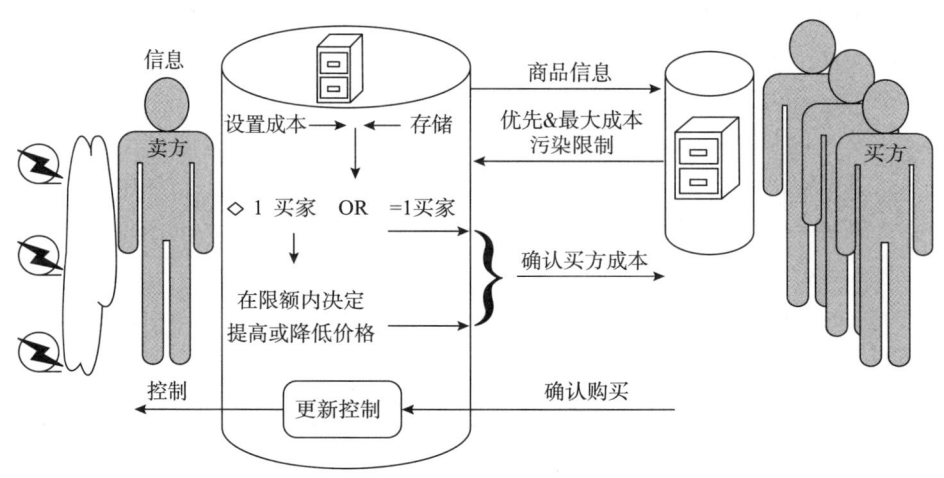

图 2.4 自动化销售方法

2.4.2 权利要求 4

一种管理和生产相结合的电力供应商品的自动化销售方法，其在服务器数据处理设备中执行，该方法包括如下步骤：

(a) 目前正在生产的用于拍卖的商品信息通过网络传输到多个客户端数据处理设备，所述信息包括汇总的商品相关的生产污染信息，每个客户端数据处理设备属于一个潜在买家；

(b) 通过网络接收来自多个客户端数据处理设备的购买上述商品的意向性拍卖订购信息，每条信息包括首选价格、竞争状态最高价格和提出的生产污染限制信息；

(c) 将接收到的拍卖订购信息存储至与服务器数据处理设备相连接的存储器中，存储根据每个潜在买家进行整理；

(d) 根据先前拍卖结果的历史价格数据设置一个拍卖价格，实时从电力生产厂采集最近的污染生产信息，并将污染生产信息呈现给那些计划增加负载的工厂；

(e) 使用存储在服务器数据处理设备中的拍卖订购信息，确定是否有潜在买家提出的首选价格等于或高于拍卖价格，并且其提出的生产污染限制信息水平高于当前和计划生产水平；

(f) 如果在步骤 (e) 没有潜在买家，那么降低拍卖价格，并且重复步骤 (e)；

(g) 如果在步骤 (e) 有一个以上的潜在买家，那么判断是否有一个以上

第 2 章　商业方法

的潜在买家其拍卖价格小于或等于当竞争状态产生时使用的存储在服务器数据处理设备中的拍卖订购信息首选价格；

（h）如果竞争状态产生，通过一个预定值提高拍卖价格；

（i）排除提出的可接受价格低于提高后的拍卖价格的潜在买家，并且使用拍卖订购信息指定另外的一个或多个潜在买家；

（j）判断在步骤（i）中指定的一个或多个潜在买家之间是否有竞争状态产生；

（k）重复步骤（h）、（i）和（j），并且在步骤（j）无竞争状态时将剩余的潜在买家确定为成功的买家；

（l）如果在步骤（g）没有竞争状态产生，那么将剩余的潜在买家确定为成功的买家；

（m）在坚持成功买家的污染限制的同时，以尽可能低的财务生产成本改变电力生产厂家单位之间的平衡。

2.4.3　审查员观点

在这里，污染因素目前被绑定到拍卖过程中。这本身对于权威机构是不够的，但也许会令其他人信服。这样的信息采集被实时注意，并且所有的原因和结果都需要一些来自行业的专业人员的看法，即关于如何做，以及如何实现此类平衡的方法。关于生产需求如何改变污染水平的考虑非常明显是一个技术问题，并且由于技术和财政两方面的原因而进行的需求方向的结合是触发某些深入思索的关键，即定义的哪些部分是技术特征、哪些部分是非技术特征，甚至是否这样的划分是恰当的。

在目前的情况下，审查员除了对深度权利要求的所有部分进行考虑外，几乎别无选择，因为它们在作人为划分时已经形成了非常紧密的联系。在这里，成本不仅仅是财务方面的，也包括技术（废气、化学、物理等方面）、社会（生产地点周边的生活质量）和企业形象宣传（可以用于广告宣传的"绿色证书"与新闻报道中被猛烈抨击的"污染公司"之间的对比）等方面。可能是出于法律上的考虑，公司必须持有某些政府颁发的污染限制或风险许可。这可能对满怀希望的申请人很不利（毕竟，如果法律要求"你必须顾及某些事"，那么寻求解决方案就是显而易见的了，并且最好使用标准技术进行"创新"应该是不言而喻的）。

在这里，不同司法管辖区的各种法学分析方法的差异导致了不同的风险结果。读者考虑本发明的主要动力是商品的财务营销条款，很容易忽略总的负载平衡和总体方案中的污染开销控制方面。决定可以声明没有结果上的差异，因此，应用"检验"上的差异也是微不足道的。无论怎样，如果结果上没有差异，那么得到它的方法上的差异也就没有必要了。

在美国系统中，像这样提出的一个申请成为争论的焦点是不太可能的。该系统早已通过法定主题考虑因素，并且可能已经在早期和缺少定义阶段被授权。

在EPO，明显的技术方面的相互作用、这些和那些在早期明显相对孤立的销售理念在当前建立的亲密关系以及其他各方面的因素都将作为考虑因素而被恰当考虑。审查员将会对当前所有的可能性进行认真思考，对电力生产控制领域的现有技术进行深入搜寻，实时访问其生产和控制数据。读者可能会注意到，事实上，其所关心的领域在实际的工厂控制中已经发生了改变，技术考虑因素的末端效应已在本例中有所体现。这在一些申请中并不罕见，这些申请开始时具有极为混乱的权利要求但详尽的说明书，后来随着审查流程变得更加完善。

第 3 章
管理方法

摘要

虽然在欧洲系统中，G06Q 领域一般被称为"商业方法"，而审查员则通常将那些涉及拍卖、营销和贸易与购买/销售相关类型的申请理解为涉及该领域。一个经常纠结在一起的申请类型是管理方法的申请。纯粹意义上这样的申请是建议如何组织文字，如何安排商业活动（对人类而言，是非常理论化的）或如何处理和加工商业流程中的管理数据。

在日常生活中，可以这样考虑"商业方法"和"管理方法"之间的不同，即一边是如何赚钱，另一边是循着怎样的路线完成税务表格的纸面工作。在商业方法的申请中，往往有许多被认为只具有管理性质的事项的相关公开和定义（它是销售时对库存记录的控制，或是买方和卖方之间特定的通信规则或格式），然而，案件偶尔也会仅仅针对管理。

这个领域主张对于仅靠纸和笔产生的所有被定义事项的技术特征的可能性限制必须经过测试。对于判断一种仅仅存在于笔和纸上的管理方法是否缺乏可专利性的逻辑引擎，一般的读者将会表现出某种程度的怀疑。可靠安全的网络不断扩展，以至于人类的常识当然被就此保留下来，只不过仅仅转向创造性的思考，这只能增加而不是减少人们的疑惑。如果人类的判断是可信的，那么为什么不更早一点这样做呢？

以这种方式进行辩护的逻辑可以解释如下：在诉讼程序中太早使用这种常识具有一个内在的危险。首先我们应该运用正规的逻辑测试，只有到后期才去勉强相信人类的异想天开。这样，我们才不至于把婴儿连同洗澡水一起倒掉。

3.1 案例1：数据采集方法

3.1.1 说明书

当考虑信息如何在政府机构、个人或企业之间传递时，申请人已经意识到了在录入数据时重复劳动造成的效率低下，也许以不同的方式录入或从其他的来源得到可能会更好。

迄今为止，为公众提供的普通表格有输入域，以便提供有与其自身和税务机关相关的数据。这样的（通常预先印妥的）表格通常准备好区域填写相关主题名称、地址和供税务机关使用的引用号码，以便对返回的表格进行组织和处理。这对于表格用户来说是非常低效的，并且导致表格过于复杂和冗长。当考虑为政府机关发送其所需的数据表格时，多余的输入非常地浪费相关的纸、笔和时间。

当前的申请解决这个效率低下问题，建议只在表格上输入一次供政府部门使用的引用号码，为所有已知信息提供唯一的必要键，以避免不得不造成的浪费和有问题的重复录入。申请人还意识到一个更加深入的问题，即虽然正确的数据必须由发送主体来支持（为了表格被送达），但错误的输入可能使表格接收者产生怀疑，从而导致为了澄清问题而造成的额外处理上的浪费（见图3.1）。

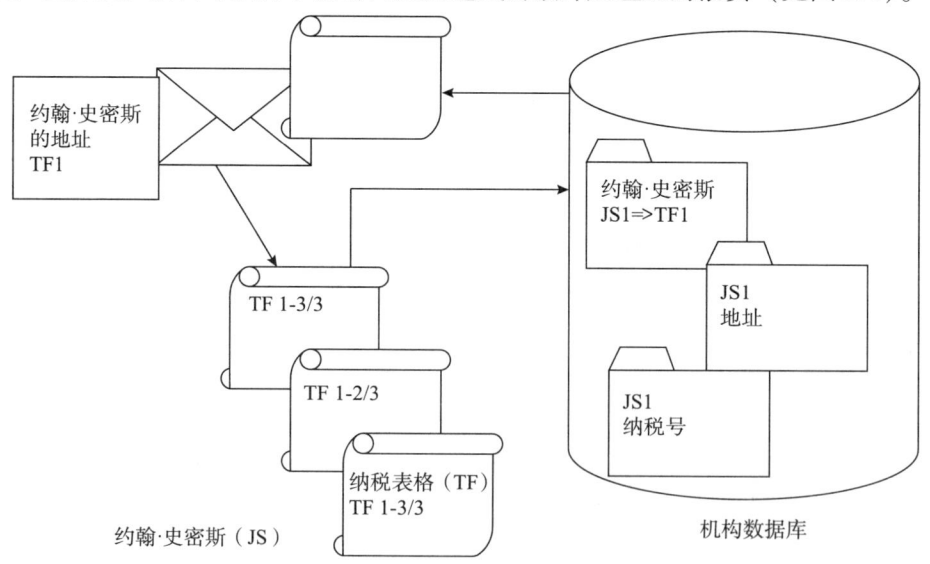

图 3.1　数据采集方法

3.1.2　权利要求1

一种通过实体进行的数据采集方法,实体可以是任何一个权威机构、组织或公司,通过此方法采集到的数据与实体已知的用户相关,并被放置在用户标识符之下,数据包括与用户的首次接触数据,其中包含用户地址,具体方法如下:

- 权威机构、组织或公司通过传统邮件的方式将需完成的具有多个数据输入域的纸制表格发送给用户;
- 为封装了上述完整纸制表格的邮件提供用户地址和一个个人使用引用号码;
- 使用的表格为每一页提供一个包含该个人使用引用号码的唯一性标识符;
- 表格的第一个数据域随即记录下这个引用号码;
- 权威机构将用户标识符和引用号码与另外的数据建立关联,并且允许权威机构检索其基于用户设置的所有固定数据,包括姓名、地址以及之前返回到机构的数据和内部通告。

3.1.3　审查员观点

通过纸面描述并提出权利要求的是管理索引键的使用。它对提出"用一张纸就足以提出全部技术特征"这一观点的思维方式摇头持怀疑态度的阅读者最大限度地开放。不管怎样,这是严格按照EPO上诉委员会的要求去做的。

尽管这对于读者来说可能显得相当多余和过分琐碎,笔者在这里当然要考虑技术定义的范围的下限。如果要为权利要求事项在什么地方设置系统性逻辑性剖析起点,它应该是一个可识别非任意的点,因为除了绝对下限外,在范围内还有不可界定的点,然而这已经被考虑到了。它至少是可靠的。

因此,为了论证的绝对安全,我们说,存在于纸面上的定义的确是技术特征,并且其上提供的信息也是如此(它必须以某种方式呈现在纸上)。更进一步地,我们可以证明纸上的数据具有特殊功能,它并不比一个特别排列的条形码或银行卡上的全息图更缺乏技术性。所有这些自然都可以被视为信息呈现。

就此,我们已经越过这条线到达了另一"被排除主题"。这在管理系统中十分常见。在系统中,数据的传递、重组和呈现是最终目的,同时提供了一个很好的机会去研究如何可以简单地处理。

本身的信息呈现（即"像这样"）被排除在专利性之外，就像计算机程序或艺术创作。然而，艺术创作可以具有技术性能归因于它们清晰的高度复杂的数学计算、工程学功能和美学呈现，飞机机身的光滑曲线、船体的外形或者通过燃烧室向前传播的危险如诗的火焰或许就是很好的例子。

如果某些技术特征可以归因于它，那么讨论具有涉及形态创造的信息呈现则是无关紧要的，因为它是存在于，而且必须存在于物理载体之上。作出"像这样的信息呈现是非常不可能的"的逻辑结论是合理的。

为了方便使用十分复杂的、加密的和巧妙的技术方法进行数据检索，一项关键性规定是技术特征。根据"无罪推定"原则，让我们把一些技术特征归入这种非常低陋的种类。

因此，通过严格的逻辑申请，我们又回到了像之前一样的简单讨论中，但却处在了一个不同的条款之下，即创造性条款。由于它是一种管理索引键，记录在纸上，其技术优缺点是非常清楚明显的。管理的优点也是非常明显的。到目前为止，在这一点上，除了技术性存储由于被认为是相对独立的而被从最初的技术性特征中移除外，避免更进一步的努力则是许多事情的结论。

其他的权威机构处理此案例的方式可能会有所不同，它在相当大的程度上已理所应当地被抽象化和简单化了。然而全世界每年仍有许多这样想法的申请被提交。虽然成功的希望很有限，但是所有的都不会成功也是难以想象的。

3.2 案例2：为了建立协议而同化管理信息的方法

3.2.1 说明书

在权威机构、组织、公司和个人等实体之间的沟通中，达成具有法律约束力的协议是长期存在、非常有效的方式。这至少部分由于预先准备好的标准表格和事先打印出来的条款的固有性质，这些表格及条款接下来会提交给个人，他除了对实体及其合法性和诚信度产生信赖外别无选择既而会未经阅读或理解就签署协议，也可能凭借自身的能力或雇用他人对协议进行全面分析后签署。

就更复杂的承诺而言，这样的协议可能达到数百页。然而对于一个人，一份十分简单的合同甚至也可能是压倒性的。

虽然，通过这样的标准表格的使用产生的大部分文本结果，对于表格提供方来说可能得到安慰,但在出现不切实际的、矛盾的或过于复杂的情况下,却依然残存风险。许多这样的协议可能会被审查机关认为不可靠。以金融协议为例,如果遭受了损失,损害赔偿可能由个人承担。

为了更好地控制达成协议的风险,建议通过彼此反复交换意见的方式来达成一份完整协议(见图3.2)。这种达成协议的方法以及非冗余的、恰当的协议结构,为实体降低了因负面结果带来的风险,并且可以在没有误解危险的情况下,为个人在协议签署中带来更大的安全感,并降低成本。

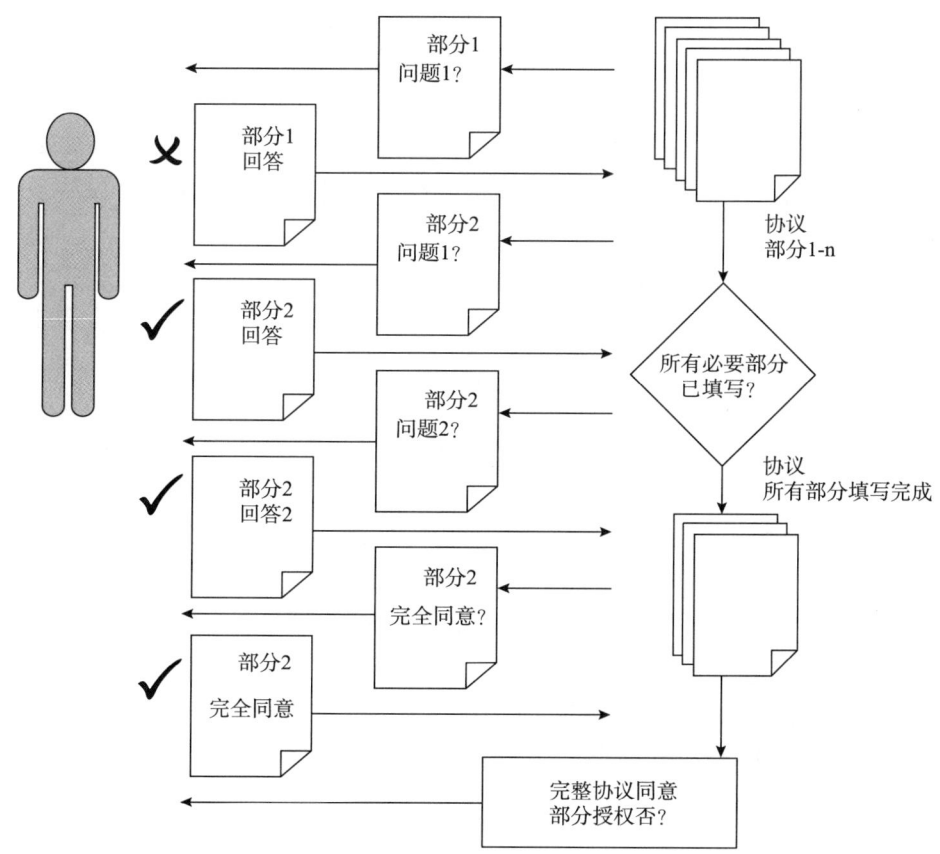

图 3.2 同化管理信息的方法

作为更进一步的优点,只需少量的纸以及打印上述协议的资源。

3.2.2 权利要求 2

一种为了帮助建立协议而同化管理信息的方法,其包括多个部分:
(a) 针对每一部分依次提出问题;

（b）依次接受针对每一部分的回复；
（c）使用上述接收到的回复评估该部分是否适合协议使用；
（d）依次就每一部分，当其被认为包含在协议中是适合的时候通知回复方，并且在继续下一个部分之前把同意的部分单独提交给回复方；
（e）当所有的部分都被考虑过后，将完整的协议提交给回复方用于授权。

3.2.3 审查员观点

当面对这样一个案例时，许多关于哪种分析方式应当被采用的长篇大论的哲学性辩论发生了。有人认为，特定的条款或段落都或多或少适合于应用，术语定义是必要的，要么给出，要么拒绝。然而作为工程师，定义哪一条很显然需要经过讨论。这是一项有目的的讨论，但上述没有哪一条定义能使读者分辨出一个技术实施领域，更别说在实施过程中所采用的手段的适当规范了。

甚至是审查员在商讨说明书，并且将其列入权利要求寻求实际保护的考虑范围内时，他们也很难确定将某些技术问题置于何处，这就要求发明来自人们熟悉的行业，也就是技术领域。假设"印刷少量的章节将节省纸张"的确论据不足，那么尝试说明其中有一项技术特征在权利要求中被隐含地考虑到了。此外，甚至在商讨说明书时，也没有各方面之间通信手段的技术定义。

在一些主要专利局，由于不反对在上述权利要求中寻求保护的水平，审查员可能被视为失职。在美国，根据后来的判例法的逻辑，这个定义的申请领域过于宽泛，由于权利要求的抽象性以及许多特定部分所需定义的缺乏，它（可能）不能成为法定的主题。

在这方面，一些美国最近的判例法似乎正在建立一座桥梁，以使保护的基础更加坚实。而 EPO 相应的判例法决定则需要在技术手段可行与否方面恰当的规范和意义明确的表达。

3.3 案例3：为了建立协议而同化管理信息的数据处理装置

3.3.1 说明书

当大量的数据必须被收集、组织，并且被放置在一个可以被实体获取的表格中时，双方在通过高效的结构化方式采集数据并且存储和处理数据时发生了困难。申请人已经意识到，通过对每一步流程的特定结构进行组合和选择，可以大大节省处理开销。之后这在基于人类和技术水平之上的响应时间中被反映出来。

将从被提问的主题中采集的数据以同样直观的方式存储时,没有额外的存储容量产生,并且检索路径的简化导致了简化的检索查询语言(见图3.3)。

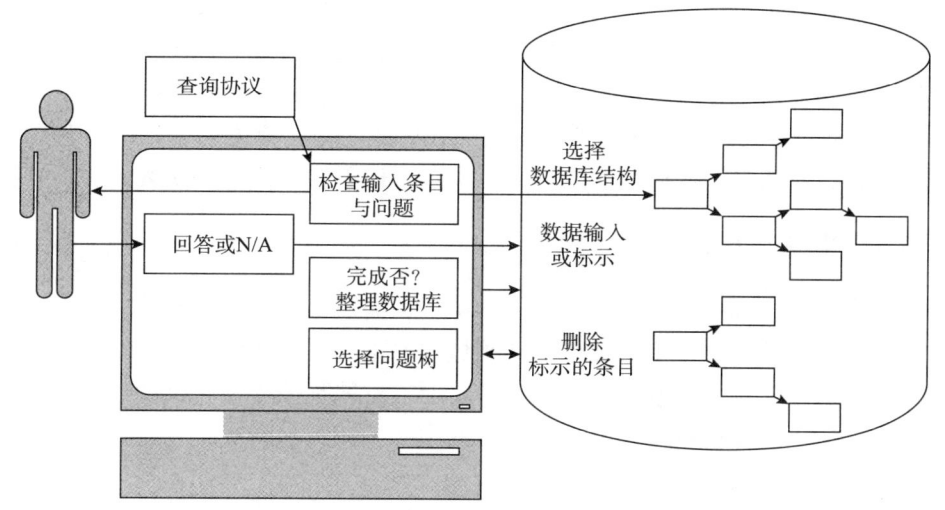

图 3.3　数据处理设备

在标准的处理系统中,大多数字段往往没有被填充,根据最终记录的数据,它们只是造成了没必要的系统堵塞。由于用户可能会错误地相信高阶字段处是空的,没有深层次的数据记录,从而导致了不可靠的检索结果。

在本发明中,规则的使用导致了数据结构的动态调整,以便克服这些问题,并且提供了一种产品,其允许用户快速有效地得到一个完全可操作的知识库。

3.3.2　权利要求3

一种为了帮助建立协议而同化管理信息的数据处理装置,其实现方法包括如下步骤:

(a) 通过初始查询确定合适的协议类型;
(b) 根据协议类型,选择一个初始的用于提问的树状结构;
(c) 根据协议类型,选择一个具有分支和数据字段的数据库树状结构模板,通过它与初始的提问树状结构和可能的回答相匹配;
(d) 提出第一个问题;
(e) 接收第一个回答或无关的指示;

（f）根据输入的数据，填充数据库的第一级数据字段，如果有不相关的指示输入，则改变与数据库相应分支有关的标志；

（g）根据问题的初始树状结构完成问题的逻辑序列；

（h）一个检索引擎的削减步骤；此处，在步骤（f）中记录的标志被应用于一套从数据库中查询和检索数据并且删除被标志记录的规则；

（i）随后，根据步骤（f）记录的标志，完成步骤（h），去除数据库结构中的字段和分支；

（j）通过来自规则应用保留下来的所有可能的检索查询结果，执行自动合理性检查，确认没有空返回发生，并且没有未访问的数据记录保留。

3.3.3 审查员观点

在本案中，我们有计算机环境下的半自动的数据采集以及它的应用条款下的管理思想框架。我们坚持在创造性领域的讨论，除了意外，在技术教导中它确实与最后一个例子没有太大差别。简单而言，就是关于计算机做什么，计算机为什么做，计算机科学家没有进一步的定义。连续不断被问到的问题是：这种方法在技术层面如何操作？

虽然中小型公司的管理者很可能对人造技术术语的使用留下十分深刻的印象。然而，除了将管理思想转录成等效的电子版本外，它只是一个少有事实依据的定义。

在此讲述一个很少有人对上述方法产生印象的例子。鲍勃从税务局选择了能正确反映工作在工厂的人们的收入情况的调查问卷。问卷上有一些没有被回答的问题，他将未使用的纸页从卷册中抽掉。当所有的问卷返回时，他注意到，发出的卷册中相同数量的第三页都被抽掉了。显然，在他的办公室的活页夹中，因为缺页，有一部分与第三页有关的内容会变得没有意义。同样，设置那部分的索引条目也将没有意义。

遗憾的是，许多管理者都对一件事印象深刻，即他们收集、存储和检索信息的方法已被刻录在软件中，并且目前已在计算机上运行。通过术语的使用，将他们每天在纸上和正常工作流程中进行的活动用电子版本反映出来，有时让他们十分困惑。在实际中，他们可能会简单地感觉到一些创新，即在自动化系统中用他们之前没有经历过的方法进行系统性的工作（这就是为什么最终需要程序员来为他们创建系统的原因）。一种"如果我需要它，那么其他的人也一定需要"的感觉的产生，导致了申请专利的想法。相关技术人员可能由于相当自命不凡，也可能不愿解释除了使用从管理思想中传递的基本知识实施外什么都没做，因此很可能任由这样下去。

不幸的是，最近，当面对反复出现的"如何""如何？"的提问时，申请将会遇到麻烦。在那时，实施费用已经花出去这一事实可能意味着不愿意承认从来就没有过多地考虑过所要解决的技术问题到底是什么，因为这将基本上很大程度取决于程序员。作为一个寻求真正技术问题的经验法则，如果申请专利的主要推动力是一些受到限制或是没有经过技术培训的人，以及有针对性的、深思熟虑的解决方案外部提供环境，那么创新很可能处在技术范围之外。

明白了这一点，我们就可以考虑这样的一个解决方案提供环境，即移动计算应用。

3.4 案例4：通过加密通信信道达成协议的方法

3.4.1 说明书

众所周知，通过电子通信网络达成合同和协议需要相当长的时间。非常典型的是通过服务器提供给客户问题和须在客户端设备上填写的回复表格，然后将回复信息以编码格式返回服务器。出于安全考虑，返回服务器的信息或许会进行加密。之后，服务器要么能处理这些信息，要么将其返回给更远一些的主机设备。

尽管为了标准化计算机的使用，这已经被广为接受，但现代的用户却越来越多地在他们的移动设备上完成复杂的计算机操作行为，通过互联网络高速下行链路分组接入链接，或类似方式进行通信。大多数这样的现代化设备可以同时运行流媒体音乐、多人网络会议、消息检查应用，并且在任何情况下具备语音通话能力。这进而给移动通信数据链路带宽的可用性带来了巨大的压力，并且使服务衰退，特别是在信号差的接收区域，连接可能时断时续。

对此明显可取的是，在任何可能的地方，尽可能地把这种压力降至最低，并且对于由于使用网站下载协议而需要进行加密的数据以及直接使用与传统网络格式相似的数据，尽可能地减少高度密集的数据传输。还有，当申请人提出为了达成合同和协议允许以安全的方式进行用户访问或被系统访问时，对应用所带来的技术限制方面的考虑却并未察觉（见图3.4）。

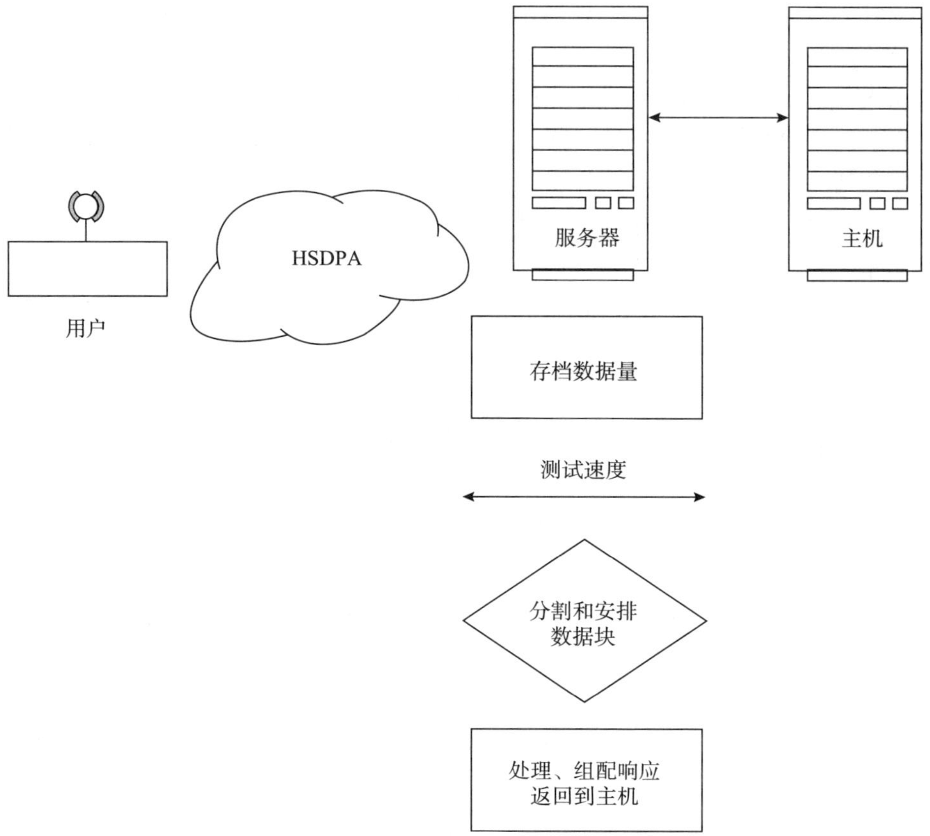

图 3.4　达成协议的方法

3.4.2　权利要求 4

一种实体和个人之间达成协议的方法，具体如下：

所述方法在如下两方之间实现：个人一边，是具有电话功能的便携式手持设备；实体一边，是主机计算机；其中：

主机计算机和便携式设备之间的部分无线通信通过高速数据网络，如高速下行链路分组接入（High Speed Downlink Packet Access，HSDPA），并通过连接到蜂窝电话网络的服务器接入互联网；

该方法包括如下步骤：

（a）从主机向服务器传输一套完整的数据输入所需的数据域；

（b）在服务器端，发送测试信号到移动设备，以便评估适合于服务器和设备之间往来的数据传输速率，并得到当前网络负载情况；

（c）在服务器端，将此套数据域分成逻辑块，将这些逻辑数据块进行加密并逐一发送至移动设备，数据块与数据块之间有一个可变的延迟；

（d）在移动设备端，依次解密和处理每一个数据块，加密并发送返回的数据；

（e）在服务器端，组配通过移动设备加密的响应，并且根据返回速率增加或减少数据块与数据块之间发送时的延迟；

（f）当最后一个数据块返回时，通过服务器，将仍然被加密的全部响应数据的集合返回给主机。

3.4.3　审查员观点

现在审查员或许正使用技术术语进行思考。无论如何，他正考虑以 HSDPA 组织数据包的方式，连接移动通信网络的服务器如何在两个系统之间传输数据，并且考虑除了智能手机浏览器、访问邮件服务时的反映外，权利要求中所述的内容是否真实。

然而，那正是重点。申请时所考虑的是技术问题，因此非常牢固地根植于创造性。现在，在没有书面证据时，考虑拒绝这样一个权利要求是极不可能的。即使权利要求（以扭曲的术语）详述了 HSDPA 的标准使用，在遇到新的挑战时，审查员也会被迫引用至少一本教科书来支持他的分析。

虽然所要求的主题是基于非常基本的概念（不要喂给小孩大份的食物，他们不能一次性吃完它，也不能安全无害地处理它），如果在前面的方式中，这个观点还没被应用于这样的系统，那么对于事后分析的指控，单纯的主张显然将被公开。

提出一种可能仍然适用于欧洲系统但并不适用于美国系统的异议，仅仅是对小型设备数据处理能力，以及由于适应管理要求发送表格数据单元并且以同样的方式返回响应数据所产生的网络流量等方面的一种技术问题规避。这在当前的实例中可能不适合，即使这只是一个管理方式，但仍需要基于技术条款在服务器和移动设备上实施。

申请人至少基于这点进行了深入分析并基于现有技术进行了讨论。

第 4 章
数字版权管理

摘要

包含数字版权管理方面的专利申请可以在国际专利分类体系（IPC）的众多领域发现。例如：G06F 21/00（保护计算机或计算机系统、阻止未经授权活动的安全协议），H04L 9/00（保密或安全通信协议，其中也包括加密），H04N 7/16（保密系统、订阅系统）。以下 3 个例子中讨论的专利保护问题直接针对商业环境下的数字版权管理方案，IPC G06Q 30/00（商业，如行销、购物、签单、拍卖或电子商务）。

4.1 案例1：数字内容推广方法

在数字世界中，电子内容的复制和分发几乎没有交易成本。虽然一些唱片公司和在线音乐零售商似乎正在放弃受保护的数字音乐的数字版权销售，服务和内容提供商却仍然在发展新的数字版权管理计划，以便销售和保护优质的数字内容，例如，数字音乐、视频点播、电子书和软件。

4.1.1 说明书

服务和内容提供商面临在日趋饱和的数字商品市场中如何吸引新客户的问题。数字内容的推广活动都通过许多不同的营销渠道提供，其中最成功的是广告平台，推广和销售数字内容是基于在线内容零售商的远程互联网服务网站。潜在的客户需要能够频繁地访问这些互联网门户网站，并且寻找适合的数字内容。

然而，服务和内容提供商会担心，由于它们的数字内容被隐藏在遭受信息过量折磨的迷雾似的数据世界中，潜在的客户可能永远不会发觉它们。

图 4.1 提出的创新以一种受保护的形式存在于分散的高端内容中，这样，潜在用户仅需要接受供应商的条款和条件得到访问内容许可，即可以轻松舒适的方式了解存在的数字内容或服务。

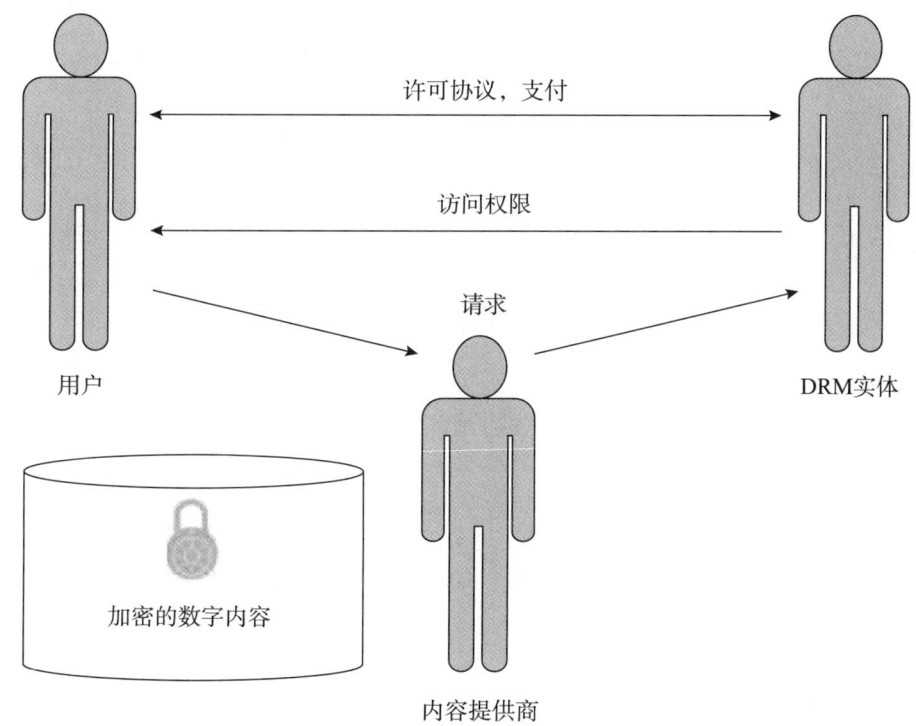

图 4.1　数字内容推广方法

与此相结合，以数字版权管理（Digital Rights Management，DRM）实体形式存在的第三方，负责管理对各种各样的数字产品、内容服务以及服务提供商的访问权限。DRM 实体显示给用户的是相互独立的提供商。这是为了培养信任和消费倾向。

上述商业模型被认为是可盈利的，即使只有部分数量有限的潜在用户最终为内容或服务付费。

4.1.2　权利要求 1

一种数字内容推广方法，该方法包括以下步骤：
（a）内容提供商向潜在用户提供加密数字内容；
（b）远程 DRM 实体负责管理被访问数字内容的数字版权；

（c）用户请求访问来自于内容提供商的数字内容；

（d）收到用户请求后，内容提供商向 DRM 实体发送一个访问请求通知；

（e）DRM 实体发送一份许可协议和付款请求给用户；

其中，

（f）如果用户接受了许可协议并完成了付款程序，DRM 实体则通过安全通信网络发送数字访问权限给用户；

（g）数字内容的加密和数字访问权限的分类基于对称密钥加密系统。

4.1.3 审查员观点

专利局的审查员需要解决以创造性为前提的技术问题，当面对一份说明书和这样一项抽象性质的权利要求时，将开始对那些给出的技术特征和要求保护的发明方向相关的信息部分进行评估。读者会注意到，权利要求的主题包括通过安全通信网络进行的数字版权传递。因此，至少存在两个通过一个网络连接的通信设备是毫无疑问的。这是一个技术性的基础结构，因此权利要求具有技术特征。

不管怎样，内容推广方法和描述专注于通过推广数字内容吸引新客户的商业思想。尽管权利要求为了保护数字内容和通过安全信道交换访问权限而包含了一个非常基本的 DRM 概念，而这个 DRM 概念仍是非常抽象的，问题及其解决方法仍在相当程度上处于商业领域。

内容提供商期望潜在用户或订购者在同意条款和条件之前，通过以受保护的形式提供有效的数字内容来解决商业问题。各方（包括用户、内容/服务提供商、DRM 实体）之间在公开层次上的通信，众所周知，没有什么比通信设备的存在更必需的了。

为了向消费者分发受保护的内容并管理数字版权，在基于技术问题的技术解决方案的任何专利系统中，推广理念不解决表面上的任何技术问题，并且在创造性评估中一定会被忽视。但是这并不妨碍这种推广理念被纳入客观上不得不解决的问题中。关于这一点，在向技术人员提出的自动化使用这个理念的请求中，在考虑非技术性规范的商业问题时，它可能被认为是合法的。

本例所要解决的一个现实问题可被视为以某种方式实现推广理念的自动化。

专业技术人员会认为在一个通用通信系统中进行非技术概念的实现是其日常工作的一部分。这样一个技术人员，面对上述问题和非技术性规范，将会通过在使用标准编程技术的通用通信系统中实施数字内容推广理念来执行给定的任务，并且由此达成没有创造性的权利要求 1 的主题。因此，理论上的专利审查员在考虑创造性时仅仅基于技术事项，就像 EPO 的审查员，会就缺乏创造性而提出异议。

非 EPO 的专利审查员很可能以不同的方式进行讨论，但大致会得到相同的结论。应当留意的是，在推广方法的步骤（f）中，数字访问权限的传递并不意味着将受保护的数字内容转换为无保护的数字内容（没有那一步，消费者不可能非常满意。然而，我们知道，这并不是任何专利制度所必需的）。除此之外，数字内容并不绑定于任何特定的设备。因此，在 USPTO，权利要求 1 的专利保护资格请求，在任何情况下都可能被视为是过于抽象的。

在 JPO，权利要求 1 的主题可能被判为不能满足专利资格的要求，因为审查员可能就不能明确表述软件如何通过硬件资源具体实现而提出反对意见。

作为读者可能会因此意识到，对于不接受权利要求 1 的理由，专利系统和专利系统之间可能会有所不同，但对于申请人或公众来说，最终结果并没有什么明显不同。

4.2 案例 2：由计算机实现的使用加密技术的内容推广方法

4.2.1 说明书

常见的服务和数字内容提供商的商业策略包括为了吸引和保留高端客户基数而在较低的原始成本下提供的基础服务。由于激烈的商业竞争，产生于基础服务的利润可能被削减到很低的水平。随后，供应商将它们的注意力转移到尝试努力寻找基于优质内容和服务并且能带来优质利润的潜在客户。由于了解了潜在优质客户接触的细节，供应商可以通过个性化的消息或含有直接引用加密数字内容网址（URL）的网页建立直接的营销活动（见图 4.2）。

这样一个市场营销活动方案包含电信服务提供商通过电子邮件(e - mail)、短信（SMS）或服务提供商的网络服务器提供的一种新的高端服务。

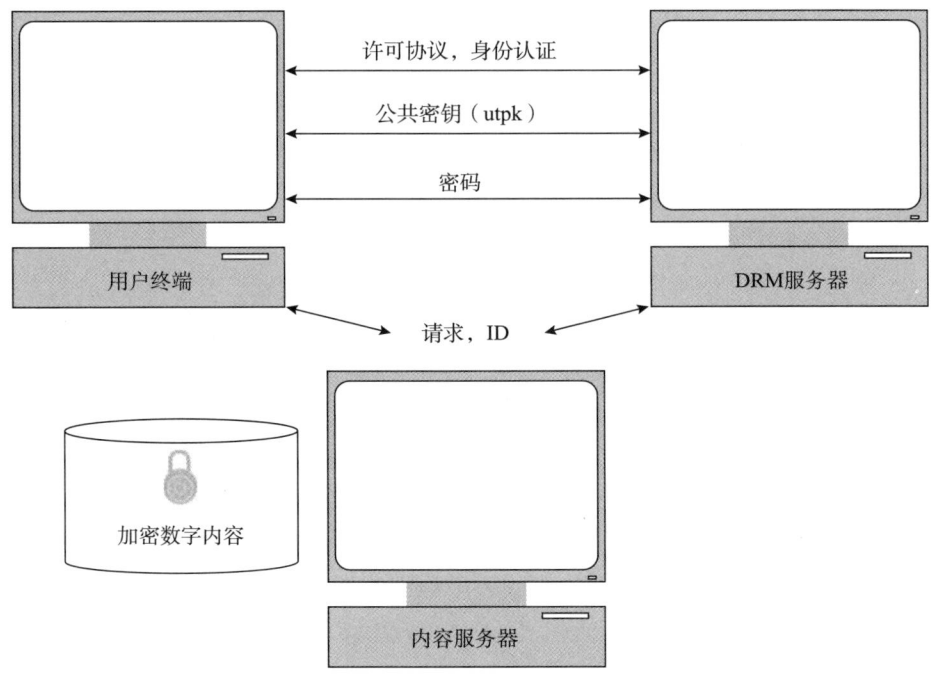

图 4.2　计算机实施的推广方法

4.2.2　权利要求 2

一种向用户提供数字内容的由计算机实现的内容推广方法,该方法包括以下步骤:

(a) 内容提供商在内容服务器上发布加密数字内容;

(b) DRM 服务器对数字内容进行数字访问权限管理;

(c) 为用户提供一个 URL 地址引用内容服务器上的加密数字内容;

(d) 用户终端发送一个访问请求和用户标识符(ID)到内容服务器;

(e) 当收到用户请求时,内容服务器将一份内容请求通知消息和用户标识符(ID)发送至 DRM 服务器;

(f) DRM 服务器将一份许可协议、身份认证和用户终端公共密钥请求传送至用户终端;

(g) 用户终端将一份许可协议信息、用户标识符(ID)和用户终端公共密钥(utpk)传送至 DRM 服务器;

(h) DRM 服务器通过安全通信网络发送一个加密的密码(utpk[password])给用户;并且

第4章 数字版权管理

（i）用户终端使用用户终端私人密钥解密加密密码，然后使用解密后的密码访问高端内容；其中

（j）数字内容使用对称密钥进行加密，密码使用公共密钥进行加密。

4.2.3 审查员观点

正如案例1，第二个DRM例子是建立在那些正在通过分发受保护的数字内容寻找新客户的内容和服务提供商同样的商业考虑之上。权利要求2的主题包含了更加明确的技术特征，比如用户终端、服务器计算机和有线/无线网络。在这个例子中，超越使用一个抽象的DRM方案非常普通的想法是，数字内容的保护是通过使用基本的DRM要素来实现的，如公共密钥加密和密码。

权利要求2的主题具有鲜明的技术特征。无论怎样，在当前权利要求中，技术方面没有超出普通的计算机系统联网计算机和对称加密，两者在电子商务、数字版权管理中是众所周知的。

权利要求2的发明是在数字内容推广领域，并且涉及法律、商业和技术性质各个方面。然而根据细节，在这个方法权利要求中定义的整体结构似乎是一个主要关于数字内容推广和分发的商业考虑的结果。

然而，在世界各地的许多法律系统中，一项发明的专利保护需要其技术贡献是新颖的，并且在现有技术中不存在。如何通过计算机网络分配访问密钥、数字内容或密码的方案似乎产生于一种购买或许可数字内容的纯商业理念。在欧洲的条款中，一项对现有技术的创造性贡献只能驻留在这样一个具有为解决一个技术问题的特定特征组合中。

为了向消费者推广受保护的内容和管理数字版权，表面上，方案没有解决任何技术问题，例如在EPO，在创造性评估中就必须被忽视。正如在案例1的DRM中，这样一个方案可能在要解决的问题中进行描述，并且因此可能被认为是一个非技术性规范，当技术人员接受了以某种方式实现概念自动化的任务时，它将是得到的基础性信息。

要解决的一个现实问题可能被认为是将推广方案自动化。

技术人员会认为在通用的网络计算机系统中实施非技术性概念是其日常工作的一部分。提出上述问题和非技术性规范的技术人员将通过使用标准编程技术在通用网络计算机系统中实施数字内容推广理念来解决这个问题，从而不用付出创造性劳动就得到权利要求2的主题。进一步考虑的常识是使用独立的服务器提供加密数字内容和管理数字访问权限。当然，从多方面来讲，对技术人员递交的这样一份申请进行驳回的恰当性并不是由审查员来决定的，而是由申请说明书的充分性，即申请人自己来决定的。

适用于计算机领域从业人员的专利法实例

不管怎样，关于权利要求2的结果是，EPO的专利审查员将再次在这里针对缺乏创造性提出反对意见。

USPTO的专利审查员这次可能考虑，在步骤（i）中，内容从受保护状态转变成未受保护的状态，并且/或者内容被绑定到了用户终端。因此，权利要求2可能要克服的第一个专利法障碍即是资格，但仍然要满足美国专利制度的进一步要求。不管怎样，随着时间的推移，关于在显而易见的考虑当中所包含的非技术特征在美国的判例法中的变化可能是不可预测的，因此，权利要求2也可能被视为不涉及创造性。

对于EPO的那些类似情况在JPO则被期待。在JPO，即使权利要求2的主题将充分公开软件是如何通过硬件资源的使用来具体实现的，与可获得的现有技术之间的比较也将显示其缺乏创造性。

4.3 案例3：客户端–服务器数字版权管理系统

4.3.1 说明书

大存储量内存和智能卡成本历史性地快速降低，允许服务和内容提供商使用隐藏分区来分配设备，分别存储提供给客户的加密高端数字内容，如音乐、电子书、视频或软件。当客户使用自己的设备时，某种程度上被告知存在可用的可选择激活的高端数字内容。如果用户想使用这样的受到数字版权管理保护的服务或内容，那么他必须同意供应商的条款和条件。一旦通过支付或许可的授权被承认，客户就可以打开隐藏分区，从而获得高端数字内容的访问权。

根据上述市场营销理念，数字版权管理系统的具体体现可以在一个电信运营商的背景下进行设想，也可以在设备中适当体现。

一个电信客户定购了一部伴有基本语音呼叫服务的新电话。之后他收到了一部新手机，并自然地随之配有一张SIM卡。然而，提供给客户的标准SIM卡存储空间非常有限，作为替代，电信服务提供商上市了一种具有大存储容量的SIM卡，这种SIM卡由多个分区组成，其中至少一个分区是隐藏的，并装有优质的数字内容。

用户/订户而后通过网页界面发现或被告知高端服务/高端内容的存在。然而，Web服务器不是远程服务器，而是遵循为智能卡网络服务器（SCWS）制定的开放式移动体系结构（OMA）标准，在本地的用户移动设备上运行（见图4.3）。

第4章 数字版权管理

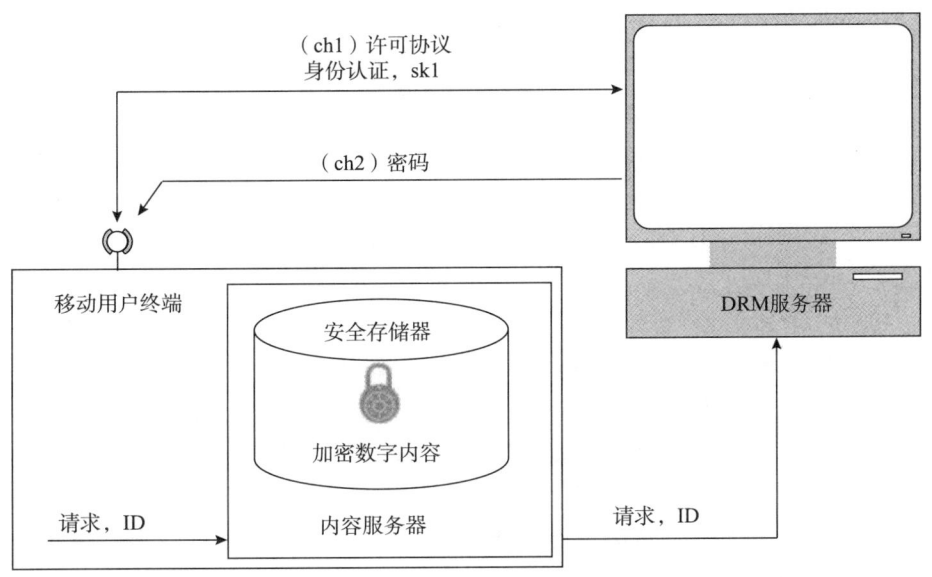

图4.3　客户端－服务器数字版权管理（DRM）系统

被使用的数字版权管理系统允许电信提供商限制预先存储在 SIM 卡上的数字内容的使用，即使对于订购用户自己的服务和/或个人的移动终端来说它是未锁定的。因此，高端数字内容可能被预先存储在安全存储空间的隐藏分区中，抑或可能在首次激活日期上的修改可行的情况下被下载到一个安全的存储分区中。

这样的高端服务的例子可以是一个为内置 GPS 接收器的移动电话设计的导航服务。用户/订户所在的不同城市的详尽地图，可以被制作成可用的免费预先存储内容，覆盖了居住城市或更大的地理区域的地图以及必要的路由软件在其中只作为可用的高端数字内容。这种高端内容，在最初的访问中，也是由服务提供商预先存储在移动终端的 SIM 卡隐藏分区中，或是存储在一个可以插入移动电话的独立存储模块中。一旦用户支付了服务费或同意了订阅费用许可，高端内容就从隐藏分区中被解锁。如果一个高端数字内容的更新版本可用，那么智能卡 Web 服务器和远程内容服务器之间的安全连接就可以建立，同时内容亦可被下载。通过基于 Web 的用户界面，用户不仅可以发现更进一步的可解锁或下载的高端服务，而且随着时间的推移还可以得到这方面的提示。

4.3.2　权利要求3

一种用于向移动用户分配高端数字内容的客户端－服务器数字版权管理系

统，该系统包括：

（a）推广加密高端数字内容的内容提供商服务器；

（b）管理高端数字内容的数字访问权限的数字版权管理服务器；

（c）向用户提供指向内容服务器上的加密数字内容的 URL 地址；

（d）移动用户终端向内容服务器发送高端数字内容请求和标识符（ID）；

（e）收到用户请求后，内容服务器将内容请求通知消息和标识符（ID）转发给 DRM 服务器；

（f）DRM 服务器通过第一无线通信信道（CH1）将许可协议、身份验证和公共密钥请求连同密钥 1（SK1）一起发送给用户终端；

（g）用户终端通过第一无线通信信道（CH1）将加密应答，包括许可协议响应、标识符（ID）和用户终端公共密钥（utpk），连同密钥 1（SK1）一起，发送到 DRM 服务器；

（h）DRM 服务器通过第二无线通信信道（CH2）发送一个加密密码（utpk[password]）到用户终端；并且

（i）用户终端使用用户终端私钥（utpk）解密加密密码（utbk[password]），然后使用解密的密码访问高端内容；

其特征在于：

（j）基于序号哈希值的标识符（ID）从包含有隐藏分区的存储模块中读取；

（k）被实施成为智能卡 Web 服务器（SCWS）的内容服务器在更加安全的移动用户终端存储部件中执行；

（l）加密的内容在提交给用户之前被预装入移动终端中的安全存储模块的隐藏分区内；

（m）当步骤（d）中的更新或新的服务可用时，DRM 服务器通过安全传输使用智能卡 web 服务器（SCWS）和 DRM 服务器之间的预共享对称会话密钥（SSK），远程更新或替换隐藏分区中的加密内容。

4.3.3 审查员观点

权利要求 3 的主题包括了超越通用计算机网络系统的技术内容。

当基于通信系统的客户端服务器可以被公正地了解时，普通读者可能会同意，在移动电话的 SIM 卡中包含加密数字内容的内容服务器与在远程网络节点上的常规网络服务器相比是不太寻常的，尽管预定的操作表面上很相似。权利要求 3 的独特技术方向和 DRM 元素（公共/私人密钥、密码、哈希函数）在行业内似乎是众所周知的，但权利要求 3 中特定的特征组合导致了协同性的技术效果。

应该注意的是，在一个非常特定的技术领域，新的 SIM 卡的简单存在并不能自动明显地表达出这个新的 SIM 卡的结构或硬件的所有用途。相反，令审查员感兴趣的是：它用于什么？各种"灰色区域"内容如何结合？以及可能导致什么被视为创造性？

潜在的客户以离线方式能够发现新的服务和加密数字内容。通过数字版权方案的应用，移动电话的功能在分配给客户后就可以得到扩展，并且不需对移动电话、物理插件进行大规模的硬件改造，甚至放任大数据下载。

各方面的结合可以被认为是超越了简单的特征集合。与最初的两个 DRM 例子相比，在 DRM 案例 3 中，权利要求不能作为一个涉及基本 DRM 构想的经营理念的简单自动化来实施。由于作为加密函数输入的内存模块序列号之间的特殊关系，部分加密数据的交换至少需要通过两个不同的通信信道以及一个解锁的内存模块隐藏分区，以便使新的移动终端的功能不被视为是明显的自动化。

这自然是可能的，在 DRM 案例 3 中，这样一个数字版权管理系统在专利申请提交日之前已是众所周知的，这可能基于显而易见性而导致持续而详尽的异议。现有技术建立后，EPO 专利审查员通常会运用问题解决方法来帮助他确定是否提出权利要求的 DRM 系统解决了一个技术问题。

因此，虽然公共密钥加密系统的使用和密码交换在 DRM 领域反应欠佳，并且尽管事实上服务或内容提供商的总体目标总是与它们的收益最大化相联系，被提出的特征组合还是导致了对一个提供有效的数字内容和扩展移动终端功能的存储模块的非锁定分区的技术效果。

因此，只有第三个 DRM 案例可以被认为是一个专利申请的良好基础，它克服了技术性障碍、具备专利资格和明显的自动化特性。然而，它不得不满足各自专利系统在有效性方面的所有其他要求，这些都会不同程度地应用于它们会认为其显而易见的自己的标准和同槛。

在主要专利局中，应当注意的是，在 JPO，即使权利要求 3 的主题也可能被审查员视为不满足 JPO 专利资格的要求，因为他们可能对于提出权利要求的相关硬件元素运用了不同的考虑。通常在边缘情况，强烈推荐读者咨询知识渊博的具有代表性的专业人士，听取他们的意见。

第 5 章
数据库和数据库管理系统

摘要

在这组案例中,我们将设法阐述发明人在其发明创造涉及数据库时,选择适当的保护类型所要考虑的标准。我们将首先定义什么是数据库和数据库管理系统,然后说明对这两种对象获得知识产权保护的各种可能性。将通过 3 个例子把焦点集中在数据库管理系统的专利保护上,数据库的知识产权保护通常包括版权和独特的权利。即使专利审查员的观点起初是否定的,为了增加获得专利的机会,还将讨论原始专利申请内容的重要性。

> 数据库和数据库管理系统的定义和使用

数据库(DB)是存储于计算机系统中的记录或数据的结构化集合。其结构是通过按照数据库模型组织数据而实现的。在这之中,众所周知的数据库模型是关系模型、分层模型和网络模型。

为了有效地管理数据库,计算机必须具有适合的数据库管理系统(DBMS),通常大多数是由软件实现的。关于这种数据库管理系统的细节和类型的规定,通常取决于所使用的数据库模型。

数据库管理系统最重要的任务是允许用户以及运行在计算机或网络上的其他软件在请求访问数据库时,以符合逻辑的方式保存和检索数据,并在必要时对数据入口的检索进行结构化。

基于本书的目的,我们将对数据库(DB)和数据库管理系统(DBMS)应用进行区分。在考虑存储于其中的原始数据实体时,我们将使用术语 DB;当这样的原始数据由于可能被存储在这样的 DB 中,而必须被用户查询、改变或进行非常一般性的操作时,我们将使用术语 DBMS。

> 数据库的知识产权保护

数据库通常受到版权保护。由版权给予的保护延伸到对于你的数据库中内容的自动保护，而不需要任何必要的登记。

因此，如果你希望的要求仅仅涉及对 DB 内容的改进，在大多数情况下提交专利申请是毫无意义的。因为在全世界大多数专利系统中，由于版权已经是预料当中适当的保护方式了，你将自然而然地几乎没有机会获得专利授权。虽然立法者有时可能表现出异常，经常有一些疯狂的方法，然而有意提供多个法律保护手段根本是不符合逻辑的，稍显差别的保护方式的所有者之间产生的案件将明显导致法院冲突，而不同的保护权利之间是没有必要对抗的。

然而，一些国家对于数据库已经形成了特定类型的知识产权保护，这是因为认识到存在有作为基于技术的专利和版权之间的主题。

这种独特权利的最好例子是欧洲共同体对数据库的法律保护，DB 保护是在 1996 年 3 月 11 日的指令 96/9/EC 中定义的。根据欧洲版权法，该欧洲联盟指令协调了在欧洲对数据库的处理，为数据库的所有者建立了新的独特权利。

其他国家，如美国，对于数据库已经发展了类似的特殊法律保护机制。

现在，鉴于这些唾手可得的、廉价的版权和独特的保护机制，你应当（你确实必须吗？）忘记将专利作为一种保护你在数据库系统中的投入的方式吗？

未必如此。因为如果你提出的改进涉及一些为了存储数据以及实现与所需硬件之间的交互的新方法，那么建议你提交专利申请。例如，如果你发现一种新的方法，该方法能够控制计算机元件以减少存储空间使用的方式来储存数据，并且以非显而易见的方式成功实现，那么你有相当大的可能性获得一件授权专利。

可能被推荐提交专利申请的另一种情况的案例是在数据库中使数据结构化的方法，这使得 DBMS 在数据性质相互独立的情况下能更快速地检索到所需要的信息。

为了帮助你确定版权或独特权利是否是保护你的数据库的仅有的方式，或者申请专利是否是一项明智的选择，一个不错的经验法则是，检查你的改进是否是依赖于该数据库的内容。

一方面，如果已有的发明是为了某些目的或其他原因将一些数据非常有用地组织在数据库中，那么版权或独特的权利大概是你不得不保护你的发明的合适方式。另一方面，如果你已经发明了一种存储数据的新方法，使得存储数据性质相互独立的新数据库比老数据库需要较少的存储空间，那么提交专利申请可能是有意义的。

在任何情况下，如果你不能为你的设想确定可能有的相关保护类型，我们只能建议你去咨询专业律师，并且获得关于如何为你的设想在各个你可能需要覆盖的国家采取最好的保护策略的建议。在这一点上，我们也必须提醒读者，这应该说是必需的，由于互联网上的定位和访问，数据库、内容和管理系统的保护具有极强的地理和跨辖区的依赖性。

> 数据库管理系统的知识产权保护

相对于数据库，DBMS 事实上更可能获得基于专利法的保护，因为与单纯的内容相反，这种系统更加涉及计算机的内部运行。例如，它们涉及这样的方法，即数据在计算机或者计算机网络的组件之间传输，或者涉及与用户的交互特性，如结构化查询语言（SQL）的情况。

DBMS 应该更加涉及与用户交互的领域，那么相同的原则将应用于图形用户界面（GUI）的可专利性。因此，如果你的聪明设想涉及用户与数据库交互的方式，特别是就通过用户控制在屏幕上的输入而言，以及数据如何呈现在屏幕上，那么，我们将建议你也参考本书中有关 GUI 保护的案例（见第 7 章"GUI"）。

然而，如果你的改进设想更倾向于计算机系统内部运行领域，那么必须给予特别的考虑，并且要注意权利要求的精确表达，从而使你的发明定义不会与审查员发生冲突。通过后面的案例，我们将试图反映你可能遇到的明显问题。

所提交的有关数据库或者数据库管理系统的专利申请，通常是被归入 IPC 的 G06F 17/30 分类号下（信息检索：数据库结构）。

即使 IPC 中只有唯一一个关于 DB 与 DBMS 主题的分类号，值得一提的是，这个分类号包含有 2009 年之前全世界提交的超过 10 万件的专利申请。当然，就公布的来源和类型而言，关于这个主题的非专利现有技术同样是数量巨大，并且高度多样化。

5.1 案例1：同时访问一个数据库

5.1.1 说明书

本发明涉及用于从存储在数据库中的位置处检索数据的数据库检索系统。更具体地，本发明涉及一种用于从超大型数据库检索数据的系统，该超大型数据库可以被多个不同的用户同时访问，用户可以主动地在数据库中进行数据检索或者数据更新（见图 5.1）。

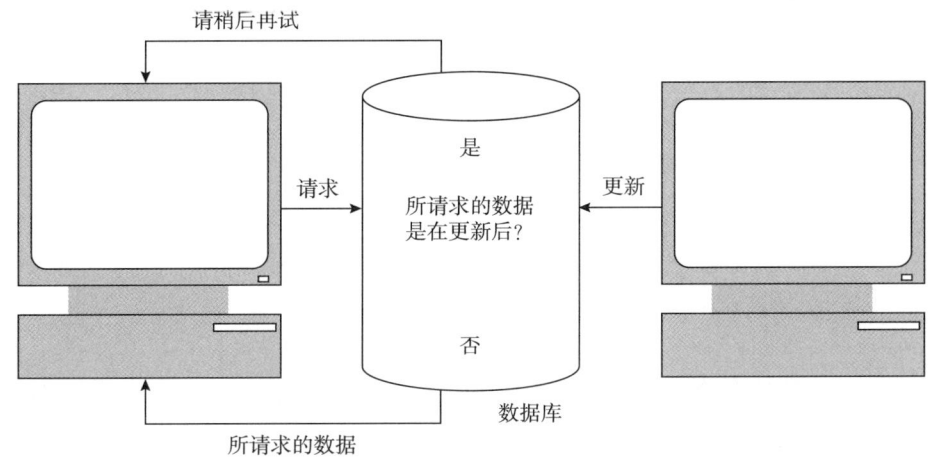

图 5.1　用于从数据库检索数据的方法

通常，更新数据库中所保存数据的任务是在有关数据库的活跃度低的时间内进行，典型的是在夜间。然而在全球范围内的网络系统中，不再可能找到活跃度特别低的时间。在这样的系统中，例如，可能发生这样的事情，在比利时建立的用户试图在其白天的时间检索信息，但他却被阻止做此事。这是因为相关特定信息正被在美国建立的用户在其夜间进行更新或覆盖。

在其他用户可能试图检索相同数据时，完全避免在此时进行所述数据的更新是不可能的。

可能发生的是，由于比利时用户所查询的最终结果与数据的最新状态不一致，从而给出误导性的结果，或者可能发生的是，由于比利时用户的查询阻塞了其对文件的访问，美国用户试图停止或阻止更新。

为了解决上述问题，本发明由以下步骤组成：如果由第一用户发送的查询是关于当前正在由第二用户更新的数据，那么该查询被延迟到更新结束。随后由系统自动地向第一用户发送信息以通知该查询被延迟。

那么，第一用户可以决定取消其查询，并且在一两刻之后重新尝试相同的查询，或者让系统在更新一旦结束时自动给其发送结果。

通过本系统，只有当更新结束时，结果才提供到第一用户，因此保证了答案的正确性。此外，在没有第一用户的查询阻塞时，可以继续第二用户对数据库的更新处理。

5.1.2　权利要求 1

一种用于从中央计算机系统的数据库上检索数据的方法，所述中央计算机

系统所包括的数据库可以由不同用户为了检索或者更新数据的目的而经由各自的计算机同时访问,其特征在于:

(a) 当第一用户发送一个检索数据的查询,而同时该数据正被第二用户更新时;那么

(b) 第一用户的查询被延迟,以使第二用户可以在没有任何干扰下继续其更新任务,直到完成;同时

(c) 由中央计算机系统自动生成的信息发送给第一用户,以通知他的查询已被延迟,并且之后将在已更新的数据集上执行。

5.1.3 审查员观点

对于这样的权利要求和说明书,你可能遇到的问题是缺少对于技术系统、数据库、用户计算机的不同元素以及这些元素之间的关系是如何相互关联的说明,并且还缺少技术人员为了实现你的发明而在该技术系统中必须进行的技术改进的细节。

对于一些专利局,按照它们的惯例,依据审查员可能获得的现有技术文件,上述例子中给出的信息级别可能是充分的,因此授予专利权是可能的。

对于其他局,特别是EPO,审查员可能提出合理性的异议,要么是:

(a) 所属技术领域的技术人员将被处于不知道如何实施你的发明的情况下,因为你没有用技术术语解释如何实现该发明,并且由于你没有给出至少一个这种实现的具体例子,该发明没有被充分公开。要么是:

(b) 所属技术领域的技术人员,这里指数据库管理方面的技术专家,一旦明白了其潜在的非技术管理的设想时,将自然而然地且没有任何必要地在已公开的水平上采取创造性技能来实施你的发明,即延迟查询,并且自动地发送一条消息通知第一用户。

无论审查员选择遵循哪条异议路线,你都将很难成功地说服他,其原因如下:

如果审查员从反对意见(a)(公开不充分)开始,然后你答复即使在本专利申请中未公开,所属技术领域的技术人员也知道如何实现你的发明,那么你自然而然地正将自己放入反对意见(b)的火线中。

你试图从反对意见(a)脱身的逻辑反驳是:如果你感觉对于在技术上实现你的发明是非常显然的,你不必进行说明,这确实意味着它是不言而喻的,因此对于所属技术领域的技术人员来说,以你希望的保护方式实现你的发明是显而易见的。

如果审查员从反对意见(b)(本发明没有创造性,即是显而易见的)开始,

第5章 数据库和数据库管理系统

然后你答复其实施不是"那么"容易的,所属技术领域的技术人员为了实施该发明,需要创造性技能,那么你就自然而然地将你自己放入了反对意见(a)的路线中。

如果技术人员对如何实施你的发明不是一目了然的,并且在你的专利申请中没有公开其实施所要求的细节或者例子,这不是正意味着你的申请公开不充分吗?

为了增加必要的技术公开细节,你可以考虑通过修改你的申请来尝试克服这两个反对意见,如技术实现。然而,根据EPC,在你的申请提交日之后,是不允许你增加新的主题的。

总之,对于这种权利要求和说明书,按照其所在局的惯例,专利审查员可能依据其所能得到的现有技术而授予你专利,或者他将可能提出一个相当基础的异议,这个异议是不需要根据现有技术文件的教导,但更多的是由于你的专利申请公开不充分或者缺乏创造性。我们在这里所说的要点是,如果你一旦陷入基本显而易见、公开不充分的循环,并且由于申请技术"深度"不足,不能通过修改从循环中走出来,因此你想从其中逃脱是不可能的。

5.2 案例2:具有时间管理的同时数据库访问

5.2.1 说明书

本发明涉及用于检索存储于数据库中的数据的数据库检索系统。更具体地,其涉及一种用于从超大型数据库中检索数据的系统,该超大型数据库可以被多个不同的用户同时访问,以检索或者更新存储在该数据库中的数据(见图5.2)。

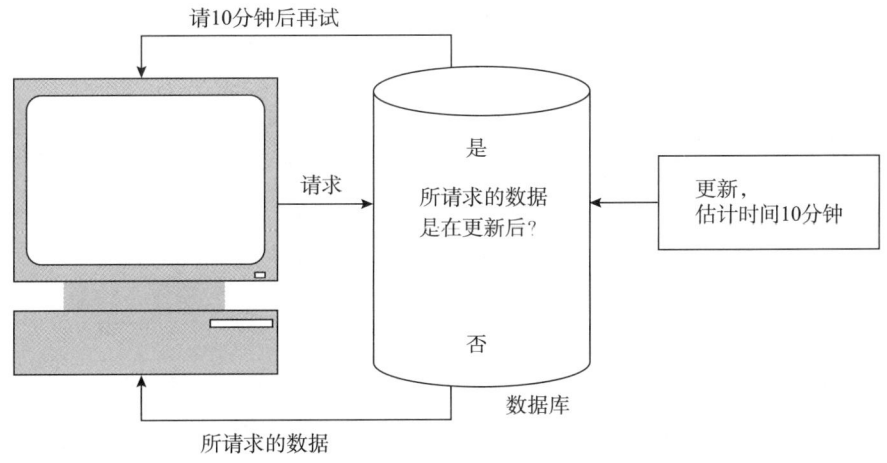

图 5.2　用于同时访问数据库检索数据的方法

适用于计算机领域从业人员的专利法实例

通常,对数据库中数据的这种更新是在用户活跃度低的时候进行的,典型地是在夜间,然而在全球范围内的互联的系统中,由于地理因素,寻找这样的活跃度低的时间不再可能。

在这样的系统中,例如,可能发生这样的事情,在比利时建立的用户试图在其白天的时间检索信息,但同时这部分信息正在被在美国建立的用户在其夜间进行更新或覆盖。

当其他用户试图检索相同的数据时,要避免数据库中数据的更新是不再可能的。

由比利时用户进行查询的最终结果可能与数据库中内容的最新状态不一致,从而给出错误的结果;或者,由于比利时用户的查询阻塞了对文件的访问,从而可能使美国用户在试图更新数据库内容时遭受挫败。

为了解决上述的问题,本发明由以下步骤组成:

可能希望更新数据库中一些数据内容的用户,被分配在某个固定时间去执行该任务,如 15 分钟。在这 15 分钟期间,如果查询涉及在此时正在更新的特定数据,作为来自不同用户查询的结果,该系统将阻塞和屏蔽该数据库的使用。因为维护的原因,用户将被通知其查询不会被立即处理。并被请求在 15 分钟后再次输入其查询,或者被通知其请求将被存储,且系统在 15 分钟后自动处理。

更具体地,希望更新数据的用户已经首先确定了其需要更新的数据,以及其预计该更新将花费多长时间。

如果不同的用户发送一个查询到该数据库,该系统随后也将反复核对,以防止其所涉及的数据正在更新中。这是通过给数据库增加索引表来进行的。根据在新表的相应索引中的数据条目的存在或者缺少,该系统将识别该数据是否是在那个时间点经历更新处理,以及识别用于执行该更新处理的所设定的时间。

如果发现没有这样的条目,执行该查询并将结果发送到用户。如果发现有这样的条目,系统将通知用户,该查询将在之后处理。

当所提议的系统实现后,发送查询的用户将不会被提供可能是错误的信息,更新数据的用户可以在任何过分的干扰下执行此任务。

5.2.2 权利要求 2

一种用于从数据库检索数据的方法,该数据库可以由不同用户为了检索或者更新数据的目的而经由各自的计算机同时访问,其特征在于:

(a) 当第一用户想要更新一些数据时,他必须首先确定其所涉及的是哪些数据，以及执行更新所需要的时间；

（b）然后，系统将作为数据库一部分的更新表中的索引链接到要被更新的数据，所述索引包括用于执行该更新的所需时间；

（c）当第二用户发送查询时，系统将首先检查，由该查询所请求的数据是否被链接到该更新表中的索引；

（d）如果不是这样的情况，那么将处理该查询，并将结果提供给第二用户；

（e）如果是这样的情况，将自动地通知第二用户，由于更新的原因而不能立即处理其查询，并且也将给出处理查询之前的等待时间。

5.2.3 审查员观点

审查员如果在案例1中没有提出基础反对意见，则在本案例中也不可能提出这样的反对意见。

然而，情况可能是，在案例1中具有这种基础异议的审查员将不能以完全相同的方式在本案例中主张，这是因为对于在说明书和权利要求中提供的技术方案有一个基本原则。

更具体地说，对新表格、新索引和新链接的介绍进行了定义，同时也定义了这些新的元素之间的相互关系和系统的其他部分，然而并不是太严谨。因此，本案例是有限充分公开的，并且已经作为具体方案进行了定义，审查员将必须决定那个特定方案是否有新颖性和创造性。

作为结论，我们可以说对于本案例，授予专利的决定将完全取决于审查员获得或发现的现有技术，并且将依靠在对所定义主题的新颖性和创造性审查期间所产生的任何组合异议的结果。希望读者不要太失望，笔者承认除了主观性和专利局与专利局的差异外，创造性评价绝不会是一切。不管有多少分析这个必要条件的测试和方式，"显而易见性"概念仍然是很微妙的。

让我们出于自娱考虑一些假定的现有技术文件（专利审查员在他们可以查找的地方发现了它们）。

如果可用的文件公开了数据库和更新表格，该更新表格具有如最后更新的条目、更新类型和更新该数据的用户姓名，但是没有公开这个更新表格是用于判断查询是否能够执行或者必须被推迟，那么，作为申请人，你的创造性论证将要基于以下主张，即增加了系统可靠性，这是由于该区别将允许你重新对进行请求的用户保证，给予的答案是正确的。

这个争辩或许将被大多数专利局所接受，因此你可以期待专利申请进行到专利授权。

特别是，要考虑通过技术手段来增加系统的可靠性，因为至少在 EPO，解决技术问题和上述做法通常更便于走上授权的道路。

关于一组假定的技术就说到这。

然而如果该现有技术公开了数据库与更新表格，该更新表格的检查是为了判断查询是否可以执行或者必须被推迟，但是没有提供有关需要执行更新时间的信息，那么你的创造性论证将要基于如下事实，即作为你的改进，将要通知用户等待的时间。

由于通过这样的争辩已经指出了，专利的授权将多少取决于特定专利局的实际情况。

在 EPO，审查员或许将提出通知用户等待时间并没有解决技术问题作为驳回的理由，也很有可能认为增加有关等待时间的信息是必然的选择，该选择没有解决技术问题，是显而易见的，因此不具有创造性。

总之，如果我们比较案例 1 和本案例，后者中给出了你的改进的技术实现的具体例子，从而极大地增加了在一些国家获得专利保护的机会。

5.3 案例3：具有自动时间管理的同时数据库访问

5.3.1 说明书

本发明涉及用于检索存储于数据库中的数据的数据库检索系统。更具体地，其涉及一种用于从超大型数据库中检索数据的系统，该超大型数据库可以由多个不同的用户同时访问，以检索或者更新存储在该数据库中的数据。

通常，对数据库中数据的这种更新是在用户活跃度低的时候进行的，典型的是在夜间。然而在全球互联系统中，由于地理因素，寻找这样的活跃度低的时间不再可能。

在这种系统中，例如，可能发生这样的事情，在比利时建立的用户试图在其白天的时间检索信息，但在同一时刻，这部分信息正在被在美国建立的用户在其夜间进行更新或覆盖。

当其他用户试图检索相同数据时，同时要避免数据库中数据的更新是不再可能的。

由比利时用户进行查询的最后结果可能与数据库中内容的最后状态不一致，从而给出错误的结果；或者由于比利时用户的查询阻塞了对文件的访问，从而可能使美国用户在尝试对数据库中的内容进行更新时遭受挫败。

为了解决上述的问题，本发明由以下步骤组成：

从案例2中已经知道了这个问题的解决方案。

本专利申请的目的是改进案例2的系统。

如果存储在数据库中的数据的不同单元不相互依赖，在案例2中建议的方案将完美地运作。举例来说，如果你想知道直接存储在数据库中的某个数据单元的值，你将请求它，该系统将针对该目的检查特定数据是否正在被更新，并且是否是正确的，系统将立即或者至少在片刻之后即把值提供给你。

然而，如果你的请求有些复杂，涉及来自数据库相互关联部分的数据组合，通过计算从一个得到另一个，那么可能在一开始处理该请求时，该系统手边就已经有充足的信息去立即识别所需要的一些数据当前正在经历更新过程。

随后我们回到问题的初始位置，即提供给第一个用户的可能是被误导的和/或不正确的答案，并且/或者第二用户在其更新任务中被阻塞。

因此需要改进案例2的系统，通过更精确地检查是否请求的处理要求直接或间接地访问正在被更新的数据。

这是通过以下技术性的安排实现的，技术性的安排将在随后的步骤（g）～（i）中描述。

对于在本申请中建议的系统，已经发送请求的用户不会被提供可能是不正确或者误导的信息，并且更新数据的用户可以在没有过度干扰的情况下执行该任务（见图5.3）。

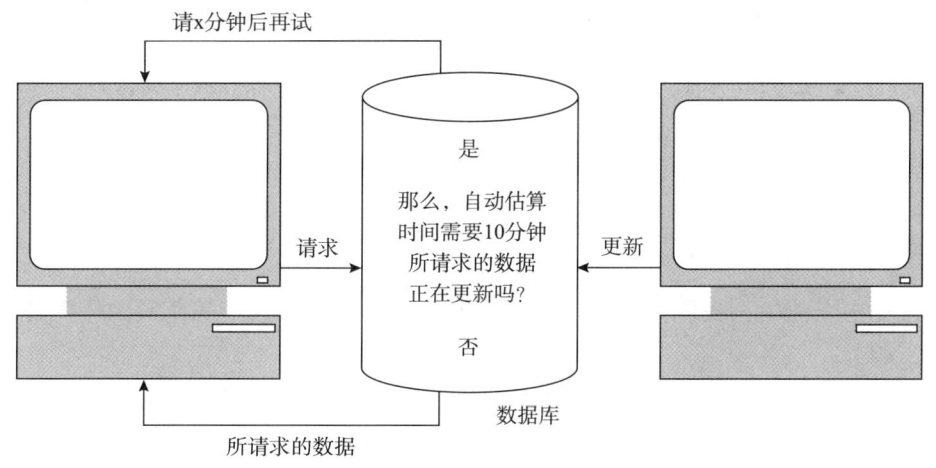

图5.3　用于从数据库检索数据的方法

提醒读者：在说明书中，步骤（g）～（i）的介绍是可选择的。但是，如果你是在欧洲提交专利申请，那么，由于下文中的一些原因，上述步骤顺序是高度推荐的。

5.3.2 权利要求3

一种用于从数据库检索数据的方法,该数据库可以由不同用户为了检索或者更新数据的目的而经由各自的计算机同时访问,其中:

(a) 当第一用户想要更新一些数据时,他必须首先确定其所涉及的是哪些数据,以及执行更新所需要的预计时间;

(b) 基于这种规定,该系统将作为数据库一部分的更新表中的索引链接到要被更新的数据。该索引包括用于执行该更新所需的时间;

(c) 一旦接收到第二用户发送的查询时,该系统将首先检查与该查询有关的数据是否被链接到该更新表中的索引;

(d) 如果(c)的结果不是这样的情况,那么将处理该查询,并将结果没有延迟地提供给第二用户;

(e) 如果(c)的结果是这样的情况,将自动通知第二用户,由于正在进行更新的原因,其查询不能被立即处理,此外,将给出直到查询处理可以进行的延迟时间;

其中,该方法的特征在于:

(f) 在步骤(c)的查询检查期间,检查的动作扩展以确保所有由查询直接和间接请求的数据被识别;

(可选的、但是至少对于欧洲是高度推荐的)并且,这种识别是通过以下特征实现的:

(g) 表格,其……

(h) 在以下数据……之间做的比较;

(i) 查找列表,以及……

5.3.3 审查员观点

在本案例中,我们可以假定可利用的最接近的现有技术是在案例2中讨论的主题。

作为申请人,如果在你的申请中没有整体公开你的申请,特别在你的权利要求中你没有公开技术步骤(g)~(i),那么我们实际上回到了案例1的情形。对于一些专利局,在案例2中可能认识到问题的实质可能在证明专利授权中是充足的,即使没有给出具体的技术方案。

至少在EPO,并且几乎大多数的欧洲国家局,审查员可能争辩,你为了改进案例2中的教导而给出的技术信息的水平是如此的低,以致你的专利申请要么缺乏充分公开,要么缺乏所要求的创造性。

我们返回到在案例1中描述的争议（a）和（b）的路线，所不同的是我们从案例2的教导开始推理，因此从现有技术文件开始。然而创造性、充分性和不允许增加技术重要性主题的"三角"逻辑仍保持相同，只是审查员将不再需要进一步的文件来判断补充特征的价值。

然而如果申请人有一些远见，已经在说明书和权利要求中包含了技术特征（g）~（i），那么寻求保护的范围将缩小。虽然这可能导致对保护范围的无意义的限制，并且因此当面对基于仅仅通过特征（f）所定义的改进即倾向于给你授予专利权的专利局时，不是特别可取，但是如果你需要在欧洲获得专利，这仍然是必要的。

即使这样，随着特征（g）~（i）被增加到所要求的主题中，如案例2，审查员的决定将完全取决于可利用的现有技术。如果在类似的环境中发现显示出特征（g）~（i）的文件，那么他或许将判定没有满足创造性的标准。如果不知道步骤（g）~（i）与权利要求的另外的特征相结合，那么你可能被判定已经做出真正的技术发明，并因此获得专利。

5.4 结　　论

如果你感觉你已经在DB或者DBMS领域完成了一项发明，尽管本书这部分的目标是明确地给你一些关于平衡知识产权诉求的可能方式的提示，但从审查员的观点，你将会意识到不同的专利管辖范围的要求可能是不同的。

为了首先增加你得到专利的机会，并且随后优化你的保护范围，一旦你的申请满足了专利法的要求，你必须非常谨慎地提交申请的说明书和权利要求，因为从流程最开始，这些就是将允许你克服审查员的异议并且获得你可能应得的保护的唯一实际资源。同样，如果一些包含在本申请的说明书和/或从属的权利要求中的特征被作为"备用"，以避免在一个管辖范围内作无意义限制，而当被其他管辖范围要求（作为预期的可能）时允许被采用，这被认为是完全可以理解的。

第 **6** 章
计费和支付

摘要

1871 年,西方联盟引入了以其电报通信网络为基础的电子转账服务。大致在 100 年之后,1977 年,在 SWIFT(1)网络上发送了第一个金融消息。今天,无所不在的互联网允许人们一天 24 小时进行交易,而且几乎是在世界的任何地方。当通信网络构成关于计费和支付过程的非常重要的基础结构时,专利申请也经常解决位于 ISO 网络层模型上层的支付方案和协议。支付过程通常涉及作为中介的多方之间的电子链路,如银行或者信用卡公司。甚至在两个人之间的直接支付方案通常也涉及第三方组织单位的会员资格,其中第三方组织单位必须将虚拟的交易映射为现实的货币系统。在这个领域的专利申请由于太过抽象、纯粹的金融本质或者基于现有的通信基础架构被认为是显而易见的,因此常处于危险之中。以下案例涉及在国际专利分类(IPC)G06Q 20/00 大组(支付方案、结构或协议)中的专利申请。

6.1 案例 1:基于第三方的计费和支付方法

6.1.1 说明书

关于远程购买的计费和支付方案可能花费几天时间去完成支付。一旦买方选择了一件产品、将其放入购物车并且转到结账,他或她必须指明他们被期望的个人支付资料,如信用卡资料、银行或支票账户号码。换句话说,买方必须经由适当的交易机制进行预付款。但不论是哪种情况,卖方或者批发商都将置于掌握全部支付资料和送货地址的位置。

第6章 计费和支付

信用卡欺诈、银行业务资料失窃以及支付数据库被黑的新闻，都使潜在的用户感到惊恐，从而妨碍了他们参与在线交易的意愿。此外，在在线价格搜索引擎中首先列出的条目往往是潜在买方不为所知的小型店铺，并且/或者其没有许可证，或只有有限数量的客户反馈报告。

因此，所期望的是提供一种快速与匿名的支付方案，其能够使用户经由通信设备进行远程购买，而不用向零售商/销售商或者店主公开其敏感的支付资料。

这种支付方案的关键要素是由第三方管理的，其协调支付过程。买方和卖方都必须在第三方注册有效的支付账号。为了便于处理，第三方将有多个可供参考的银行账户，并且还拥有一个或多个与这些银行账户相连接的信用卡商业账号。因此，买方甚至在卖方或者商户没有信用卡商业账号时，也可以使用其信用卡进行支付。第三方可以经由任何其他支付路径接受信用卡支付，并且向商户支付。第三方可以在一个或多个国家提供其业务。因此，买方和商户或者供应商之间的交易还可以不受约束地跨越国家边界来进行。

当在第三方注册时，买方被提供有许多交易代码（TANC），以便后续使用。每个 TANC 只能使用一次，其包含了买方的加密身份。为了支付处理，买方给卖方提供一个 TANC，比如在供应商的网店结账时。卖方将 TANC 和其他购买信息一起发送给第三方，第三方将该 TANC 与已经颁发给买方的那些码进行比较。如果该码是有效的、未使用过的 TANC，第三方则经由优选的通信信道向买方发送确认请求（CONFR）。买方现在可以核对数量，并且同意进行支付处理。

当第三方接收到来自买方的确认时，第三方内部处理该交易，并且将付款确认发送给商户和买方。

一旦第三方向商户确认了交易，这通常仅需花费几秒钟时间，商户就可以准备好买方选择的产品进行发货，产品可以在几个小时内被发送。

由于购买虚拟商品不要求实际交货，如可下载的数字音乐，因此不需要邮递地址，所要求的支付方法可以用于实现匿名的在线购买。需要注意的是，第三方将拥有每个客户所有购买的完整记录，然而信任是通过非常严格的隐私策略来提升的。对于买方来说，将其支付资料和购买历史记录托付给一个第三方，比去信任大量的远程卖方和网店更具有吸引力。买方同时还具有这样的优势，即提供第三方支付处理的商户或者卖方已经同意了设置作为处理的一部分的大量要求。如果商户或者卖方不按约定提供产品，第三方将赔偿买方，并且阻碍商户或者卖方对该系统的使用，直到问题被解决。

在预定的时间间隔，第三方将虚拟交易的累积量映入现实世界的金融网络。随后,买方账户相应地被记入为借方,而商户账户则被记入贷方。第三方按照每月或者每次交易向每个使用计费和支付方法的用户收费。

由于为了不暴露其信用或者银行业务资料,防止欺诈或盗窃的安全性是买方的主要问题,每笔交易都依赖于交易确认应答(CONFR),其是由第三方在交易处理之前向买方请求的。

TANC 可以用支出上限(如最多 15 欧元)来编码,并且可以是不同的长度,这取决于码值。一旦客户的交易码剩余数量不足,就将产生新码,这取决于客户的购买历史。未使用的码还可以删除。

最后,要注意的是,该计费和支付方法(见图 6.1)可以在大量现有的通信信道上执行,比如互联网、有线或无线电话网络,或者甚至是传真。

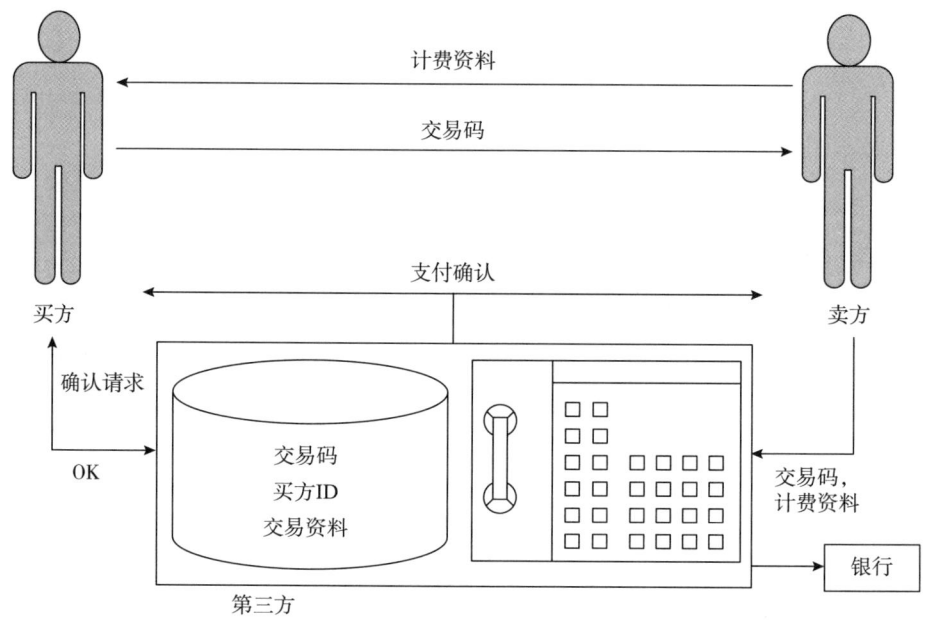

图 6.1　计费和支付方法

6.1.2　权利要求 1

计费和支付方法,包括以下步骤:
(a) 买方联系卖方或者商户,以购买有形的或无形的物品;
(b) 卖方向买方提供计费资料;
(c) 买方发送一次性交易代码(TANC)给卖方;
(d) 卖方将交易代码(TANC)和有关该有形或无形物品的资料传送给第

三方；

（e）第三方解码该交易代码（TANC），从而获得买方身份和该交易代码（TANC）的支出限额；

（f）第三方检验是否步骤（e）中的该 TANC 是与买方相关并且有足够最大值的有效码，如果是这样，第三方将经由优选的通信信道向买方发送付款确认请求（CONFR），并且在执行步骤（g）之前等待买方的确认应答；

（g）如果步骤（f）中是肯定的结果，第三方将传送付款确认给卖方和买方，同时将所有交易资料存储在数据库中；

（h）每隔一定的时间间隔，第三方则将虚拟交易映入实际的金融网络，并且借此使买方负债，使卖方获得信誉。

6.1.3 审查员观点

一些读者想主张所建议的计费和支付方法可以在传统的通信技术上实施，例如，基于互联网的计算机网络、与互联网连接的普通个人计算机、移动终端或者无线电话，甚至也许可以经由传真机。然而，通信基础架构的准确性质是不重要的。

所要求的方法也可以使用现有的现实世界的银行账户和信用卡账户，仅有的差别是支付不能在买方和卖方之间直接传递，必须通过可信任的第三方。

因此，不需要新的通信技术和新的支付工具。

第三方扮演银行的角色，为了组织与各方约定的支付过程，拥有几个银行和信用卡商业账户。

最接近的现有技术可以被认为是第三方支付方案（如 PayPal）。在现有技术和所要求的支付过程之间的区别仅仅是支付过程的管理步骤。

现有技术的支付过程要求要登录到第三方服务器去验证和确认交易。

所要求的支付方案不需要买方执行到第三方支付服务器的登录。支付确认过程开始于第三方从 TANC 解密用户身份，确认首选的联系方法，然后请求客户的许可。

那么，买方仅必须核实来源于第三方的支付资料，并且进行确认。

因此，该方法权利要求的新颖性特征，仅仅是在包含买方加密身份的一次性交易代码（TANC）的使用中发现，其可用于自动支付确认处理。

涉及加密和解密交易码（TANC）的密码技术是案例 2 能否获得专利的关键问题。如果说明书和权利要求仅仅提到加密的可能性，但却没有强调和解决在试图实施所要求的支付方法时所遇到的任何问题，那么其可能被合理地声称如下，即对于实现这样一个替代支付过程所要求的软件的实现或修改，依赖于

适用于计算机领域从业人员的专利法实例

程序员的普通技能就可以了。

然而,如果申请人公开和要求了关于加密和解密该交易码的加密细节,那么各个专利局的专利审查员将应用审查实践来考虑加密技术的现有技术状况。需要注意的是,在 EPO,密码技术通常被认为是具有技术特征的。

由于读者或许将希望,当申请人不仅提及了发明中潜在的模糊概念,而且也给出了问题及其实际的解决方案时,将很大程度地提高专利授权的机会。

6.2 案例2:无卡的计费和支付过程

6.2.1 说明书

自助售货机构成了一个很有吸引力并且很重要的销售渠道,其包括若干用户界面,例如、显示器、键盘或触摸屏、纸币和硬币存入器以及读卡器、票据和/或收据打印机。

对于低成本产品或服务的支付可以仅限于纸币和硬币存入器,而对于较高价格的产品或服务,则有可能进一步向顾客提供使用信用卡或者借记卡的入口。然而,由犯罪团伙通过刷卡器的广泛使用带来的信用卡欺诈和大规模的伪造借记卡的使用成为严重的经济问题。

因此,服务供应商正在寻求在自助售货机上给顾客计费的可供选择的方法。

大多数自助售货机的顾客熟悉现代技术,并且随身携带现代移动电话。如今,这种设备必然包含大屏幕,并且能够发送和接收多媒体消息(MMS)。

因此,本发明的目的是提供一种用于自助售货机的无卡计费和支付方法(见图6.2)。

一些服务,如预订音乐会票、出租汽车和飞机票等,要求有效性的在线验证。因此,售货机和远程服务器之间的在线连接是绝对必需的。

此外,还可以通过自动售货机发售高端产品,如最新制作的 DVD 或热点新闻书籍。

当顾客想要购买高端产品,或者预订高价值服务时,他们通过该自助售货机的键盘或触摸屏来选择产品。这种产品可能是有形的或无形的商品。

当顾客完成了他们对所期望产品的选择时,自助售货机将引导他进入和通过无卡支付过程。为了计费和支付的目的,顾客被要求确认所选择的产品,并且输入电话号码。

第 6 章　计费和支付

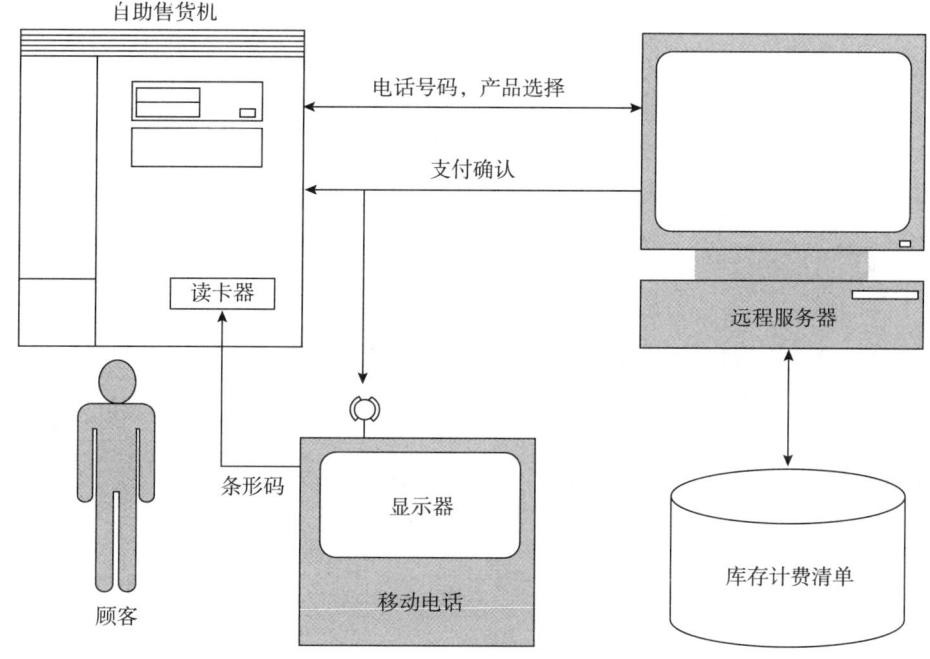

图 6.2　无卡计费和支付处理

随后，顾客将其移动电话的电话号码输入到自助售货机。此步完成后，自助售货机发送交易记录到中央服务器，交易记录至少包括电话号码和产品 ID。在服务器端，实时库存数据库被更新，对顾客所选择的产品计费，并且将支付确认码发送到自助售货机和指定了电话号码的顾客。

现在，顾客将支付确认码输入到自助售货机。如果从服务器接收的支付确认码与顾客输入的码一致，自助售货机就分配产品，并且打印出保留收据或者仅仅显示确认消息。

由于长数字码的输入易于出错，支付确认码是以包含在 MMS 中以图形表示的条形码的形式由服务器发送给顾客的。随后，一旦顾客打开了 MMS，则允许其在移动电话的屏幕上显示条形码，并将其移动电话放在自助售货机的条形码读取器前，以便于由扫描器读取，确保在部分用户使用最小的努力或技巧的情况下便可无差错地输入。

6.2.2　权利要求 2

用于自助售货机的无卡计费和支付过程包括以下步骤：

（a）顾客从自助售货机选择产品；

（b）顾客选择无卡支付选项；

（c）自助售货机请求移动电话号码；

（d）自助售货机将移动电话号码和产品选择转发给远程服务器；

（e）远程服务器更新库存数据库，为该产品给顾客计费，并且产生支付确认消息；

（f）服务器发送支付确认码到自助售货机和移动电话；

（g）自助售货机提示顾客输入支付确认码；

（h）顾客传送支付确认码给自助售货机；

（i）自助售货机比较来源于服务器和顾客的支付确认码；

（j）如果两个码相同，自助售货机分配产品；

其特征在于：

（k）服务器将支付确认码以在多媒体消息（MMS）中的图形表示的条形码的方式发送给顾客；

（l）顾客在其移动电话上显示条形码；

（m）自助售货机经由集成的条形码读取器读取该条形码。

6.2.3 审查员观点

被认为是最接近的现有技术是自助售货机，其包括全部必要的技术性的硬件特征。特别地，自助售货机包括键盘或/和触摸屏、票据和收据打印机、经由互联网或其他网络与远程服务器的连接，以及条形码扫描器。

在系统要求的用户端，仅仅要求有一部移动电话，其需要具有诸如访问 MMS 的功能和合适分辨率的屏幕等特征。大多数现代的移动电话满足这个要求。应当注意的是，电话不需要带有照相机。

支付系统中的第三部分是远程服务器，其包括用于在服务器和自助售货机之间，以及服务器和移动电话之间进行数据交换的通信接口。这种服务器在现有技术中也是已知的。

因此，得到的结论是，所有的硬件特征都已是可获得的，并且用于在自助售货机中基于智能卡的支付处理。实际上，说明书可能会基于其他的目的而进行误导。

因此，所提议的无卡与基于智能卡的计费和支付过程之间的区别是，为了在自助售货机和远程服务器中的使用，所提供软件的特定修改和编程。移动电话只需要具有访问 MMS 的功能。

要注意的是，如果从服务器发送到移动电话的支付确认码是纯文本（如短消息）形式的，那么其仅仅是认知的特性，因为用户必须读出该消息，从该消息中提取支付确认码，并且经由自助售货机的键盘输入该支付确认码。

然而，一旦定义了服务器以图形表示的条形码的方式将支付确认码发送到移动电话，则顾客不需要去认知性地提取消息中的内容，但是可以简单地使用图形表示的条形码作为一个整体触发来自自助售货机的产品分配。因此，条形码的 MMS 表现具有功能性的技术特性，尽管其作为信息显示是一种基本存在。

对于专利审查员来说，为了给出站得住脚的缺乏创造性的主张，引用两份文献是否足够？第一份文献公开了自助售货机与服务器之间的通信，第二份文献公开了服务器与移动电话之间的数据交换。

回答是否定的，因为主题不只是一个特征互不相关的简单集合体。条形码的使用连接了各个独立部件，即自助售货机、服务器和移动电话，以这种方法将三者结合在一起，而只展示各个已知的分系统是不充分的（换句话说，涉及电阻、电容、晶体管、二极管等领域的专利性进步是非常困难的）。所要求保护的计费和支付过程的软件修改将要求所有单元使用通用格式用于数据交换。因此技术必须优于所提及的基本水平。

现在可能有人认为，权利要求 2 是创造性的一个良好准则，并且小鸡们正被放入一个队列中以便计数。尽管实际上，所要求的支付过程的专利授权是没有机会的。德国汉莎航空公司在 2001 年引进了基于办理登机业务的条形码，称作 m – Barq®[1]，其允许频繁出行的人们持有电子票据办理登机，并且在他们具有 WAP 功能的移动电话显示器上接收电子的、基于条形码的登机牌。在登机之前，条形码经由安检处和登机口的扫描器予以验证。

基于现有技术，现有的自助售货机系统和汉莎航空公司条形码登机手续，其所要求的支付方法是不具有创造性的。

6.3 案例 3：基于计费和支付系统的彩色矩阵

6.3.1 说明书

自助售货机结合移动电话能够进行支付处理在现有技术中是已知的（见案例 2）。其中一些现有技术涉及服务器所产生的条形码的发布，该条形码首先被发送到移动电话，然后显示在移动电话上，最后通过自助售货机或其他有人或无人值守的机器中的条形码扫描器进行读取。

这种现有技术系统有几个缺点。

条形码的信息内容大小有限。由于这个限制，条形码的内容对于在移动电话或者外部会计软件的计费统计过程中的使用是不太重要的。

由于网络流量过高，在服务器端条形码的产生以及随后将条形码发送到自助售货机和移动电话还可能被推迟。另外，当设备是在国外使用并且/或者与非用户协议提供商的电信网络链接时，由漫游费导致的成本可能使这种类型的支付没有吸引力。

因此，提供自助售货机支付过程的专利申请的一个目的是，不需要通过远程服务器实时的产生和发送支付代码。

这个目的是通过将生成的支付码从服务器移动到移动设备上实现的。要注意的是，在本申请中，移动设备不是严格地必须具有无线长距离电信接口，但为了简单起见，可以假定该移动设备是现代移动电话。

现在，在第一实施例中描述改进的计费和支付过程。

让我们假定一个商务旅行者的情况，其想要在伦敦租借一辆汽车。在从法国机场离开之前，他使用了一家国际汽车租赁公司的自助售货机，其交互式地引导他完成了整个预定程序。该预定程序的最后一步是合同金额的支付。当选择呈现出来时，人们选择经由移动设备支付程序进行支付。

支付程序开始于售货机产生的二维彩色矩阵条形码账单（2D 账单）。该账单被显示在自助售货机的显示器上。然后，用户被指示其必须用他的移动设备内置的照相机扫描该二维彩色矩阵条形码，并被指示如何进行这样的操作。随后，移动设备上安装的专用软件允许其去解码该账单，并且提取预定信息。一旦这样做了，消息将以纯文本形式显示在移动设备的屏幕上，其至少包含如下数据：

- 预定者的姓名；
- 预定的地理位置、时间和费用；
- 被租借对象的资料；
- 自助售货机的序列号。

如果用户同意所显示的信息，他就指示移动设备产生一个支付确认码（凭证），上述显示信息是根据需要从包含在所显示的账单中的所有数据中解码出来的。为了生成合适的二维彩色矩阵条形码所必需的计算程序已经预先从远程服务器下载了。该码包含了一个唯一识别号，例如国际移动用户身份（International Mobile Subscriber Identity，IMSI）或者所使用的设备序列号，以及用于计费和支付的预定相关资料，例如预定/租赁的地理位置，以及相关的支付账户。随后凭证被交付，并且以二维彩色矩阵条形码的形式显示在移动设备的屏幕上。用户将该屏幕和上面的内容呈现在自助售货机的扫描器前面。一旦被扫描，自助售货机随后即将该扫描码与早前生成的凭证相关联，并且将两个码（账单和凭证）都发送到远程服务器。服务器从第一个码（账单）提取必要的信息，并且用和移动设备相同的算法生成第二个码（凭证）。这被用于复核所接收的第二个码（由移动设备产生的凭证），如果二维彩色矩阵凭证条形码是匹配的，则确认售货机和预定网络上的预订。售货机可以打印出预定确认，其包括纯文本以及可选择的二维彩色矩阵条形码（凭证）。

移动设备在受保护的存储器中存储两个码（账单和凭证）。计费资料可以被提取到在移动设备中设置的记账模块。由此，用户总是能拥有一个由这样的购买所产生的费用的概览。这个数据还可以被输出给公司的会计软件，以用于自动的差旅费报销，或者输出给个人记账软件。

该凭证码是由预定网络转发到汽车租赁站的。用户生成的凭证码被用于在汽车租赁站分配车钥匙。

6.3.2 权利要求3

基于计费和支付系统的彩色矩阵由以下组成：

（a）移动用户设备包括处理器、受保护的存储器、计费模块、彩色照相机和彩色显示器；

（b）自助售货机包括处理器、受保护的存储器、通信接口、彩色照相机和彩色显示器；

（c）远程服务器，包括处理器和受保护的存储器；

其特征在于：

（d）自助售货机生成一个账单，将所有相关计费资料连同售货机序列号一起进行编码，并且以纯文本形式显示该账单，并作为第一个二维彩色矩阵条形码（账单）；

（e）用户检查该纯文本账单，并且用其移动设备的照相机扫描该二维彩色矩阵条形码（账单）；

（f）移动设备中的计费模块解码该二维彩色矩阵条形码（账单），以纯文本形式显示信息，同时显示用于生成支付确认的虚拟按钮；

（g）通过点击该按钮，移动设备生成和显示第二个二维彩色矩阵条形码（凭证），其上编码有唯一的设备号（IMSI，序列号）、计费资料和一个参考计费账户的指示；

（h）售货机从用户设备显示器上扫描第二个二维彩色矩阵条形码（凭证）；

（i）售货机将第一个和第二个二维彩色矩阵条形码（账单、凭证）发送到远程服务器；

（j）服务器从第一个二维彩色矩阵条形码（账单）提取所有数据，生成第

二个二维彩色矩阵条形码(服务器生成的凭证),并且将服务器生成的凭证与用户生成的凭证进行比较;

(k)其中,用户设备和服务器使用相同的算法来生成凭证;

(l)如果两个凭证完全相同,则服务器记账入参考用户账户的借方,并且发送支付确认到售货机;

(m)售货机显示该支付确认,选择性地打印出纯文本形式的凭证和第二个二维彩色矩阵条形码(凭证)。

6.3.3 审查员观点

基于计费和支付系统的彩色矩阵(见图6.3)具有基础结构方面的3个要素,即用户设备、自助售货机和远程服务器。读者可能知道,这3个要素和它们的技术组件单独来说都是现有技术中已知的。

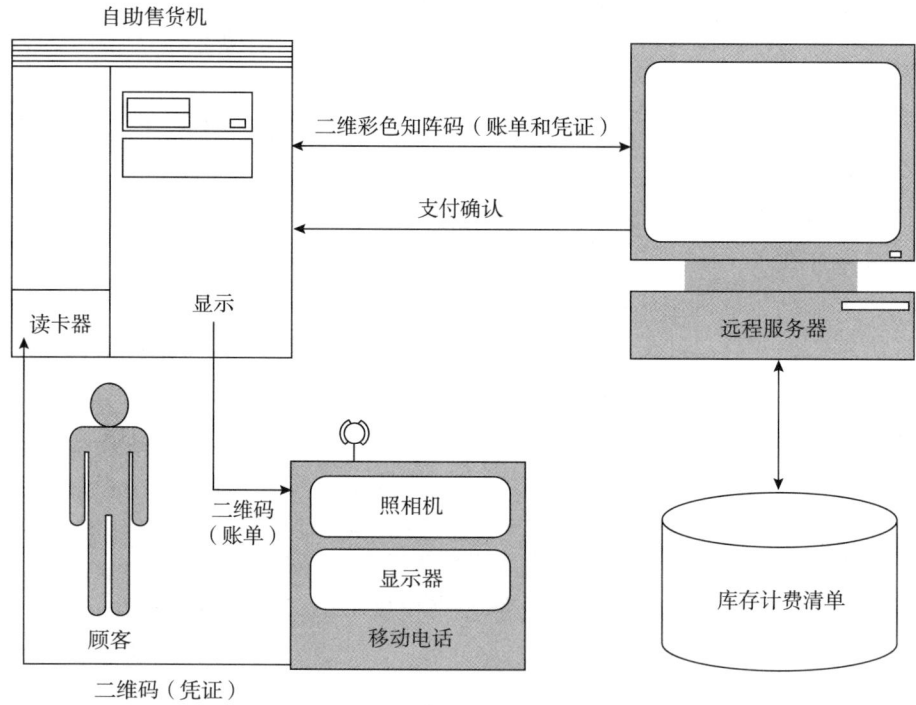

图6.3 基于计费和支付系统的彩色矩阵

二维彩色矩阵条形码在现有技术中也是已知的。然而,为了主张创造性缺乏,几个单独的现有技术文件不能简单地拼凑为任意组合。这是那些经常以批判性的眼光看待专利系统的外行需要澄清的,因为他们看到的是组合中的已知元素，并且对专利局的宽松要求感到失望。然而，考查的不是单独的组件是否是已知的，而是它们是如何组合起来的，以及是否是以显而易见的方式进行的。当最终产品摆在你面前时，这是很容易作出肯定回答的。然而，这种"事后诸葛亮"的念头是 EPO 审查员所要防止的，他们必须寻找那些已被解决的客观问题，并且是否这些问题及其解决方案确实是显而易见的。同样，当许多证据指向没有创造性技能（优点和缺点都是清楚的）的简单组合的方向，审查员也必须抵御由申请人及其代理人作为理所当然提出的支持性的论据，即在申请之后宣称所说明和要求的主题是显而易见的。要强调的是，在美国，随着时间的推移，越来越趋向在显而易见的主张之前需要对组合的原因进行证明，这被发现是合理的。然而，最近的判例法至少抑制了这种趋势。

在本案例中，读者作为想象中的申请人，将注意到，三层体系结构（用户设备、自助售货机以及远程服务器）的所有要素都生成二维彩色矩阵条形码。

不管怎样，具有彩色照相机和扫描第一个二维彩色矩阵条形码（账单）能力的移动电话，对于生成第二个二维彩色矩阵条形码（凭证）来说是不够的。在移动设备内部所要求的软件不存在标准件。和已知的使用标准化多媒体报文功能（MMS）将图形码从服务器发送到用户设备的支付系统形成对比，本案例中的图形码是由用户设备中的特殊用途软件模块生成的，并且包括在涉及支付过程的代码生成及设备唯一号码的调用中。

相当不言而喻的是，二维彩色矩阵条形码比黑白条形码能够编码更多的数据。在图形、图像中可能给予的附加数据内容将允许所需的支付过程的所有相关资料的交换。此外，经由自助售货机和用户设备的显示器和照相机的图形码交换避免了窃录。

授予专利权的机会再一次依赖于本申请所公开的内容。发明人必须在说明书中指出要克服的问题是什么。这些案例可能包含硬件组件中的软件模块的修改，硬件元件即用户设备、自助售货机和服务器，以及/或者在自助售货机中集成的新的硬件组件。此外，发明人还必须通过足够详细的方式公开上述问题的解决方案，即关于生成二维彩色矩阵条形码的算法，以及所有硬件组件中包括这种算法的各软件模块的集成。

参考文献

[1] SWIFT 是消息的载体。其不能保留资金，不能管理顾客的金额，也不能存储其上的商

业信息。作为数据载体，SWIFT 在两个商业组织之间传递消息［EB/OL］. http：//www. swift. org.

［2］［EB/OL］. (2001 – 03 – 22). http：//findarticles. com/p/articles/mi_ mOEIN/is_ 2001_ May_ 22/ai_ 74847513.

第 7 章
图形用户界面

摘要

　　本章笔者将试图描述一些对涉及图形用户界面（Graphical User Interfaces）领域发明的潜在申请人而言应该特别关注的事情。在总结了适用于 GUI 的不同知识产权保护之后，通过四个案例解释了可根据其来决定是否提交专利申请的准则。本章的一个方面在于阐明你的专利申请所必须包含的最少公开内容，以增加你的授权机会；另一个方面是使你弄清楚你的任务，即在你的专利律师帮助下，理解你的发明是什么（参见案例 7.2）。令人非常不愉快的是，当你获得专利授权之后才意识到，你没必要把你的发明限于图形用户界面，即使 GUI 只是你完成实际发明的唯一实施例。

　　➢ 术语"GUI"的定义和使用

　　图形用户界面（GUI），是使用户能够与诸如计算机或手持设备之类的电子设备进行交互的一种手段。典型地，这些设备现如今都具有能够显示诸如图标之类的视觉指示器的能力。此时，这些被认为是图形的。因此，相对于基于文本的界面，GUI 在 IPC 下是单独考虑的。

　　GUI 必须充分呈现用户必需的所有信息，并向用户明示适用于该信息的动作以响应该信息。这些动作常常通过构成 GUI 的图形元件的直接操作来执行，例如，配合鼠标、轨迹球、操纵杆或触摸板的使用，在屏幕上指示光标在图标之间的移动；或者，要不然，使用击键的方式在这些图标之间进行"标移（tabbing）"。无论哪种情况，用户实施动作的视觉反馈都被正常地提供。

　　然而事实上，GUI 提供了当今用户与包含显示器的设备之间进行交互的最为公知和最广泛的应用手段；几乎所有由计算机控制的过程都被用户通过这一手段启动或管理。

> GUI 的知识产权保护

开发 GUI 的人们面临一系列相当特殊的问题。他们的工作包括提供界面的最佳折中，除了让用户参与、促进和启用某种形式的互动，该界面还在易用性方面吸引用户。毕竟，该互动允许的全部都是复杂且非人性化的机器的功能。以这种方式，用户/机器的组合效率得以提高。

全世界为 GUI 开发者就他们的产品开发投资，提供不同类型的 IP 保护。通过设计、模型、版权和专利来保护都是可能的，不过这是一个滑动范围的保护，覆盖了从美学到信息，到实用新型，到技术发明的整个创新色板。

虽然笔者希望能够帮助你来决定什么保护或者保护组合适合于你的新的 GUI，或者如何"微调（tweak）"你应该思考的包括你的决策过程在内的信息，笔者必须推荐你去约见具有执业资格的知识产权律师，其将根据你要受保护的国家，并根据你已经完成的改进类型，帮助你确定用于你的特定情况的有希望的完全和完整的策略。

然而如前所述，本章的目的在于考虑你的新改进的 GUI 获得专利的机会有多大。

作为一般性原则问题，笔者能够立即劝告你，你在用户感知方面上的改进越多，例如，屏幕由好看的颜色照亮以吸引用户的注意，或者提出一个图标的新形态，那么你获得专利的机会就越少。

颜色或形态的选择主要是设计问题，不论是颜色还是形状，正如绘画作品或者雕刻品的美学，他们存在于不可专利的方面。然而，这样宽泛的声明必须谨慎享用，作为专利审查员的我们必须立即限定并予以澄清。工程师发现了具有技术功能的形状、颜色以及形态上的美。俯冲的飞机机翼，燃烧气缸中扩散的火焰，以及来自化学反应或 LED 的光辉可能都是美的东西，尤其对于它们的创造者而言。然而，没有后者的技术方面，就不存在前者的美学方面，而技术方面的缺乏则是授权的障碍。

由此可见，当提出专利申请时，建议申请人最好要保证改进至少部分存在于用户和机器之间的交互方式上。另外还建议，为了不出卖自身的不足，要清楚地明确你的改进是否真的存在于 GUI 中，而不是更多地专注在计算机方面。如果该创新更多地与计算机相关，并且仅通过标准的 GUI 向用户呈现，那么专利申请当然还可以提出，但是它的保护范围则不会不适当地局限于特定的 GUI（这将在案例 7.2 中考虑）。

关于 GUI 的专利申请，通常被分类在国际专利分类（IPC）的 G06F 9/44（用于执行特定程序的装置）和 G06F 3/048（图形用户界面的交互技术，如与视窗、图标和菜单的交互）分类中。

7.1 案例1：拼写检查系统

7.1.1 说明书

为大家所熟知的是，在计算机环境中为了向用户提供菜单目录，存在自动开启的弹出窗口。在屏幕上什么地方和时间显示这样的窗口，取决于计算机系统。本申请的基础思想在于连同拼写检查系统一起使用该弹窗，以便达到一种新型的 GUI。

对于任何计算机用户，校正打字错误是常见的问题。这促使希望开发一个系统，以允许用户快速地、高可靠性地纠正错误的键入词。

为了实现这一目标，一个词典被提供给计算机，该词典用于为用户提供一个字词列表，该列表经由自动开启的窗口在必须被校正的字词附近显示（见图 7.1）。被推荐的字词按字母顺序显示，并且通过拼写系统以这种方式来排列。随后，用户通过简单点击选择其中一个字词，并将其作为校正而输入。

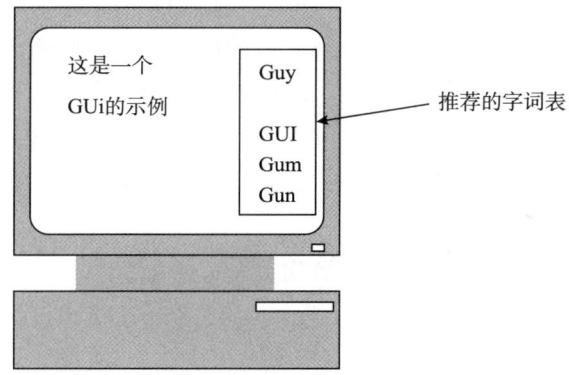

图 7.1　用于拼写检查系统的用户图形界面

7.1.2 权利要求1

一种用于拼写检查系统的图形用户界面，其特征在于：
（a）在错误拼写的字词附近自动开启的窗口；
（b）所述窗口包含一个推荐的字词列表；
（c）用户通过单击，从这些字词中选择正确的字词来替换错误拼写的字词；
（d）推荐字词的列表以及所推荐的字词在列表中的顺序，由拼写检查系

适用于计算机领域从业人员的专利法实例

统预先确定。

7.1.3 审查员观点

首先让我们思考一下，在上述讨论中，哪个是公知的或相当为人所知的，那就是，根据处理器作出的检查或操作，窗口可以在屏幕上被自动开启。

我们将假定，为了支持我们作为审查员的立场，我们有一篇文献 D1 公开了这样的现有技术，虽然（取决于优先权日期）其为众所周知的断言背后的绝对平常性和基本的假设水平可以被任何理性的大脑看做是相对无可辩驳且不容置疑的。

那么，权利要求 1 的主题与 D1 的教导的区别仅仅在于窗口的内容和窗口开启的位置。即使 D1 的上下文完全不同，D1 仍将清楚地公开：处理器在所要求位置开启带有内容的窗口。

不同的专利局依照他们自己本地的实践，将会接受或不接受这样的权利要求。欧洲审查员或许提出异议：如权利要求 1 这样的主题，由于没有更严密地明确说明进一步的组成部件，因而没有解决与技术基础架构相关的技术问题，在此情形下，技术基础架构亦指计算机。这样的技术问题将会是，例如，减少计算机所需的内存，或减少 CPU 执行同样的任务所需的时间。

由此接下去，欧洲专利审查员随后或许将提出以下反对理由，为了达到权利要求 1 的主题而对 D1 教导的任何必要的修改不是发明，因为窗口开启位置涉及设计选项，是显而易见的选择问题，并且窗口的内容没有解决技术问题。

7.2 案例 2：动态拼写检查系统

7.2.1 说明书

对于任何计算机用户，校正打字错误是常见的问题。这促使希望开发一个系统，以允许用户快速、高可靠性地纠正错误的键入词。

在迄今为止已知的系统中，一个窗口在需要校正的字词附近自动开启，窗口中包含计算机预先确定的推荐校正列表。然而，在窗口中显示的列表中所推荐的字词，可能未对应期望的字词，特别是当用户在撰写技术文件时使用了具有不常用的技术含义的字词时。字词"discrete（不连续、离散的）"相对于"discreet（小心的、慎重的）"就是这种情况的例子。

因此，期望提供一种系统，能够考虑文献的上下文，以及特殊用户（例如，一个浪漫小说作者，而他的妻子是电子工程师）使用的词汇。据此提出，借助于通过相同用户撰写的早期文本主体的统计分析优势,来完成这项工作。基于统计分析的结果,确定窗口内的推荐字词及其排序(见图7.2)。

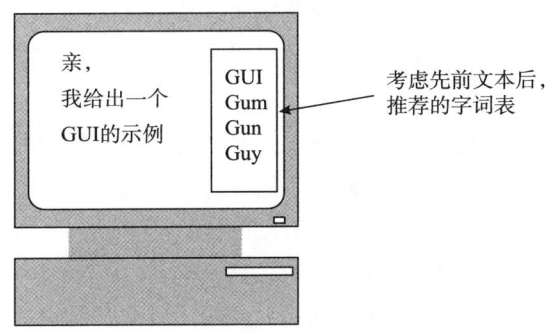

图7.2 用于拼写检查系统的图形用户界面

7.2.2 权利要求2

一种用于拼写检查系统的图形用户界面,其特征在于:

(a) 在错误拼写的字词附近自动开启的窗口,其中

(b) 该开启的窗口包含一推荐的字词列表;

(c) 用户通过单击,从所推荐的字词列表中选择正确的字词来替换错误拼写的字词;

(d) 所推荐的字词在列表中的顺序,通过对用户撰写的早期文本的统计分析来创建。

7.2.3 审查员观点

如果我们首先以第一个案例的主题作为我们最接近的现有技术,且第一案例称为D1,然后再进一步假定在本案例的说明书中已确认该现有技术,那么区别仅在于窗口中的内容。

一些专利局可能考虑这样的内容区别是足以授予专利的,但是在欧洲要承认创造性,你可能会面临巨大的障碍。

如果专利申请没有公开该特殊统计分析是怎样执行的,审查员可能提出以下反对理由,因为寻求保护的主题只不过是两个公知的现有技术元素的组合,即现有技术D1和任一公知的对文本的统计分析的组合。

如果专利局有意对第一个案例授权,那么也将对第二个案例授权;如果它没有对第一个案例授权,它可能也不会授权第二个案例。这是一种连锁考虑,其有时会导致对什么给予保护的相当明显的不同层次的定义。

然而，如果你已经开发了一种新的文本统计分析，而且这套新的分析方法在专利申请中被充分公开，则你也许已完全独立地作出了具有该统计分析法的技术发明，并且如果该新的统计分析解决了一个技术问题，则包括你的统计分析的技术步骤的权利要求可能在欧洲被承认是可以取得专利的（参见第12章数学方法）。

因此，如果你意欲将这样的步骤引入你的权利要求的特征（d）中，你可能会获得专利，该专利包括你喜爱的 GUI 特征，不是因为你发明了新的 GUI，而是因为你发明了一种新的且具有创新性的统计分析方式，其在被用于之前公知的 GUI 中时，改进了用户/机器间的交互。

在欧洲用于判断是否这种方式的统计分析仍旧可能在 EPO 之前被授予专利权范围内的原则，类似于用于判断数学方法可否取得专利的原则。本质上，你的统计方法必须以创新性的方法来解决一个技术问题。

在这种情况下，你可能更愿意草拟一个相当独特的涉及你的新的统计分析方式的权利要求或权利要求集合，因为这就是你可以取得专利的发明。应用范围的进一步定义，例如增加只能在晴天使用，是适得其反且毫无意义的约束，除了限制不能带来任何东西。

当然，你还可以增加一个与特定的 GUI 相关的权利要求，其合并并显示与你早先统计分析相关的某些方式中的数据，但是为了你自己好，通常这仅作为一个从属权利要求。作为专利审查员，笔者在你请求保护的范围太宽时将反对授权，因为与公众的交换是不合理的（创新公开 VS. 专利保护）；同时，指出你请求保护的范围过窄也不是我们职责中的任务。如果你想搬起石头砸自己的脚，那么责任在你。

7.3 案例3：混合拼写检查系统

7.3.1 说明书

对于计算机用户而言，纠正文本中的打字错误是日常问题。因此最好是开发一个系统，允许并帮助用户快速、高可靠性地纠正错误的键入词。

众所周知有两个系统响应于这个需求。这两个系统都在错误拼写的字词附近呈现一窗口，该窗口包括推荐的字词列表，用作替换的文本，以达到正确的形态。

在第一个系统中，所推荐的字词列表由计算机系统预先定义，独立于用户和正在创建的文档的上下文。它更响应大多数用户希望拥有一个基本系统的需求,该系统以一种高度可预测的方式响应,覆盖普通和非专业人士的使用。

在第二个系统中,在使用计算机当时就执行对相同用户早先撰写的任何文本的统计分析。基于该统计分析,来确定窗口中所推荐字词的列表及其顺序。因此,该第二系统适合于以下情况,即,用户的主要行为包括,例如,使用日常生活中具有一个含义但是在技术领域中具有多个特殊含义的字词撰写技术文件,以及能够处理罕见的词汇(如化学术语)。作为这样的第二个系统,其系统优势在于可以考虑特定用户撰写文件的上下文及其使用的词表,并且在用户开始文件的撰写工作时不需要每次都"设置"。

本发明的想法是将这两种系统结合成为一个系统,并达到高于可以预期的每个独立功用相加的实用水平。

根据本发明,窗口自动在需要校正的字词附近开启,并且包含不止一个,而是两个由计算机预先确定的推荐列表。

在窗口的左边,呈现了对应于该第一系统的列表,而在右边,开发并呈现了对应于第二系统的列表。

因此,本系统提供了一种覆盖全部可能应用的拼写系统,无论用户是撰写平常的私人信件还是使用罕见的字词撰写特定的文件。通过以一种优势组合提供这些手段,申请人已经解决了向专业用户提供综合系统的问题,该综合系统将不会产生因内容键入而预想的缺点(见图7.3)。

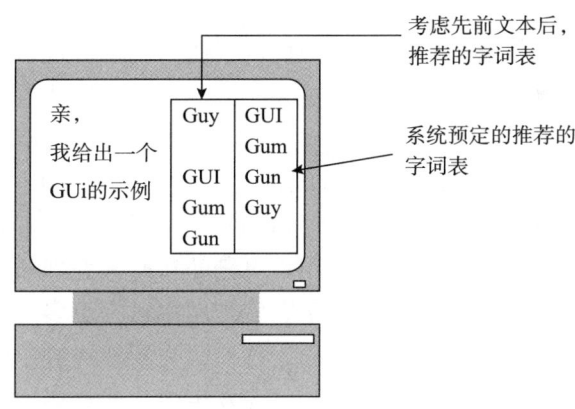

图7.3 用于拼写检查系统的图形用户界面

7.3.2 权利要求3

一种用于拼写检查系统的图形用户界面,其特征在于:
(a)在错误拼写的字词附近自动开启的窗口;

(b) 所述窗口包含两个不同的推荐字词的列表；

(c) 用户通过单击，从这些字词中选择正确的字词来替换错误拼写的字词；

(d) 推荐字词的第一列表以及在第一列表中所推荐的字词显示顺序，被呈现在第一窗口中，其通过对用户早期撰写的文本的统计分析来创建；

(e) 推荐字词的第二列表及所推荐字词的次序，在第二窗口中列出，其由拼写检查系统预先确定。

7.3.3 审查员观点

对于案例1和2，窗口内容又有不同，这意味着意欲对案例1和2授予专利权的专利局，也将会授权给案例3。根据欧洲的方法，那里的审查员认为权利要求3的主题是之前两个案例的显而易见的组合，并极容易因缺乏创造性而反对该主题。当然，它非常吸引人而且逻辑简单，但是这必须小心地谈判，因为它并不是没有缺陷的。

伴随着克制和辩解水平的不同，申请人可以争辩他理解的本发明远远超过一个简单的组合。并且，由于他的发明，用户/机器间的交互已经显著改善，从而解决了普遍但却很麻烦的有关易用性的技术问题。

审查员现在应该（必须）考虑的问题是，用户/机器间的交互是否真正得以改善。

实际上，通过显示的窗口，给用户提供了比两个现有技术窗口中任意一个更多的信息。如此这样，他被赋予了更多的机会在呈现给他列表中找到合适的、想要的字词。两者同时显示的事实，在因所撰写文本的键入而导致的键入修正之中，给予了一个额外的选择可能性（当然，其对于用户来说将是显而易见的）。不过，关键步骤的执行，即选择正确的字词，将完全留给用户，并且执行这个重要的步骤仍然只能通过用户自己的意愿来处理和决策。

本案与之前两个案例的不同，在于它使得用户具有更多的机会能够在窗口中用一次动作就找到正确的字词，然而，仅仅因为给他提供了更多的信息而正确，而不是因为他与该系统交互的方法已经发生变化或得到改善。

在用户和机器之间的交互是否确实得到了改善，至少有些令人怀疑。继而值得怀疑的是，由于专利局要求具有基于解决了技术问题的创造性，这样的权利要求是否会被视为满足了可专利性的必要条件。然而，广泛的"然而"，在显而易见的事情中存在合理性怀疑之处，大多数体系在单方面的诉讼程序（即只涉及申请人和专利局的）中将这种怀疑的好处给了申请人，而对于后期的任何当事人之间的程序（例如EPC的异议程序，其中已授权专利可能受到质疑，来自双方的证据和论点可能被权衡，并据此作出决定），则留下了基于这种怀疑的开放性思考。与此同时，EPO 具有一个"深层"的组织架构：由包括 3 名审查员的部门决定授权，由不同的（3 名审查员）的部门对任何异议作出决定，同时在内部设置了独立的上诉功能，而其他的司法程序则没有这个功能，并且这种司法程序下的案子会很快进展到法院审理诉讼环节。申请人在任何体系下过早地庆祝之前，最好牢记这一点。

7.4 案例 4：智能拼写检查系统

7.4.1 说明书

对于计算机用户而言，修正文本的打字错误是日常问题。因此最好是开发一个系统，允许并帮助用户快速、高可靠性地纠正错误的键入词。

众所周知有两个系统响应于这个需求。这两个系统都在错误拼写的字词的附近呈现一个窗口，该窗口包括推荐的字词列表，用作替换的文本，以达到修正的形态。

在第一个系统中，所推荐的字词列表由计算机系统预先定义，独立于用户和正在创建的文档的上下文。它更响应大多数用户的需求，即拥有一个基本系统，该系统以一种高度可预测的方式响应，覆盖普通和非专业人士的使用。

在第二个系统中，在使用计算机当时就执行对相同用户早先撰写的任何文本的统计分析。基于该统计分析，来确定窗口中所推荐字词的列表及其顺序。因此，该第二系统适合于以下情况，即用户的主要行为包括，例如，使用日常生活中具有一个含义但是在技术领域中具有多个特殊含义的字词撰写技术文件，以及能够处理罕见的词汇（如化学术语）。作为这样的第二个系统，其系统优势在于可以考虑特定用户撰写文件的上下文及其使用的词表，并且在用户开始文件的撰写工作时不需要每次都"设置"。

由上述两个现有技术系统组合的系统也是已知的，借此上述两个拼写校正系统的结果向用户一起显示在仅有的单一窗口中。

这种组合系统的优点在于，它提供了覆盖全部可能使用的拼写校正系统，不论是撰写普通的私人信件，还是用不同含义或者拼写的罕见字词撰写特殊形式（假定技术）的文件，因此解决了向用户提供适应不同情况的同义词表的问题。

然而，该系统的缺点在于，它向用户提供了太多的校正可能性，使用户困惑并混淆了错误的性质。

适用于计算机领域从业人员的专利法实例

因此,本发明的目的在于提供一种系统,该系统的开发使用两个公知的拼写校正系统,但强制实行一种方式限制显示的列表中的字词数量,这些字词实际上被作为校正建议提供给用户。根据本发明,仅向用户呈现每个列表的第一个字词。

如果这两个字词中的一个符合他所想要的字词,那么用户就会通过单击来选择它。如果不是,他有可能关闭包括较少适宜推荐的窗口。此举将会促使第二窗口自动开启完整列表,并允许用户在列表中选择最合适的字词。

本发明中,为了初始选择,给用户提供了有限数量的字词,这些字词也最有可能是他们键入的那些字词,但仍然可以从两个拼写校正方法的组合优点中获益(见图7.4)。

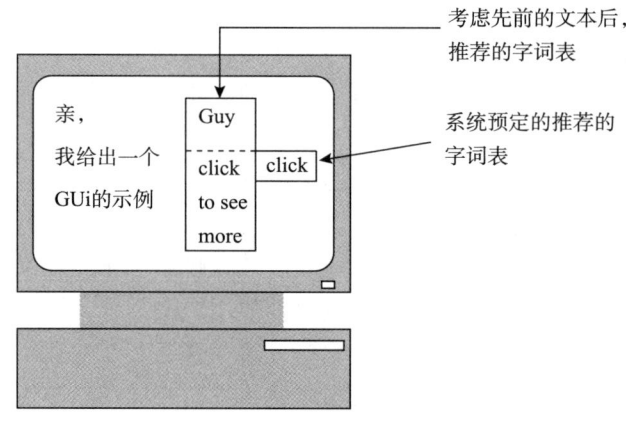

图7.4 用于拼写检查系统的用户图形界面

在优选实施例中,系统首先确定用户撰写文本的分类,例如普通信件或技术文件。

如果用户撰写的文本显示出是,例如,技术论文,则只会出现基于该文本分析的第一推荐字词。

另一种优选实施方式解决了另外的问题,即当用户写一个混合信件时,例如一封写给他的朋友同时也是一位技术专家的信,那么,他可以在信中的一些内容使用相当多常见的词汇,然后插入罕见的词汇以便列举,以便叙述最近在专利局经历的关于尼古拉·特斯拉(Nicolai Tesla)、厨用铝箔、磁悬浮、吉娃娃(Chihuahua)的 DNA 以及证券交易所的略显滑稽的讨论。读者可以用上述要素编排他们自己的故事,因为这对于案例是不重要的……

此辅助问题通过计算机动态地执行文本分类的分析来解决,这种分析在每个新句子之后或基于每个完成的段落执行。

用这种方法,能够实现更大的灵活性和提高对用户当前使用语言情况的洞察力,并且通过该系统,可以为用户提供无论技术或非技术的不同字词列表作为第一选择。

通过这两个优选实施例,用户有可能通过简单一个单击来选择一个字词,以便开启完整的第一窗口,或者关闭该第一窗口并触发第二窗口的自动开启。

通过本发明,用户/机器间的交互大大增加了。

7.4.2 权利要求4

一种用于拼写检查系统的图形用户界面,其特征在于:

(a) 在错误拼写的字词附近可能开启的两个窗口;

(b) 所述窗口包含多个不同的推荐字词的列表,用户通过单击,从这些字词中选择正确的字词来替换错误拼写的字词;

(c) 推荐字词的第一列表以及在第一列表中的所推荐字词的次序,在第一窗口中列出,通过对用户早期撰写的文本的统计分析来创建;

(d) 推荐字词的第二列表及所推荐字词的次序,在第二窗口中列出,由拼写检查系统预先确定;

其中

(e) 至少向用户呈现两个列表的第一术语中的一个;

(f) 如果呈现的第一术语中的一个术语符合所期望的字词,则用户将会通过单击来选择;

(g) 如果没有,用户将关闭两个窗口中的一个窗口,从而自动地促使另一个窗口开启,以便显示其全部列出的推荐字词。

7.4.3 审查员观点

同样,那些实际允许授予案例1~3专利权的专利局,或许也将允许授予该案例专利权。

对于要求要解决一个技术问题的专利局,如EPO,审查员将会检查用户/机器间的交互是否且如何得到改进。他的第一反应可能是,如案例3,将它视为已知系统的纯粹并列,并依据缺乏创造性而提出反对。

然而,这一次它会更容易为申请人提供论证来反驳这种反对,因为本系统中的解决方案不仅为用户提供更多的信息,同时也为他提供了一个特殊信息的选择,并随后提供了一个特殊的方法。

但是,在这种情况下,所提议的更高水平的用户与机器之间的信息交换,可以很好地考虑到改进交互。申请人还可以考虑智慧地介绍第一或第二优选实施例的权利要求特征。

这一策略可以证明是必要的(在任何情况下,拥有一个B计划总是明智的),即审查员应该决定反对授予基于原始申请的权利要求1的专利权。优选的实施例提高了机器在手头处理过程中的作用,并通过一些被机器接管的用户智力活动,减少了用户的负担。这种再平衡为了达到更好或不同的交互,可能在某种程度上走向授权。

最后这个案例的授权也将取决于审查员可利用的现有技术。如果该审查员没有比两个已知的拼写校正系统所示的说明书中公开的内容更好的现有技术,那么这样一个权利要求,或者至少一个权利要求,其在适当的权利要求语言中包含了优选实施例中呈现的更进一步的特征,因而具备一个被全部主要专利局授权的好机会。

这个案例也可以被视为一个专利申请撰写练习的好案例。

一个撰写良好的申请,从一开始就必须包括修改的可能性,即考虑专利审查员在应用其区域内定义的专利法标准时,对于申请中的变化可能提出的反对意见,预计可能被引入该诉讼程序中的现有技术文献的类型和逻辑以及哪一个可能比申请人迄今已知的技术更好并公开在说明书中。

7.5 结 论

笔者希望已经给你提供了一些素材,以供你在试图决定以最好的方法来保护你的改良的GUI时进行思考。你确实应该投入一些时间去清楚了解,相对于你原本的想法,你真正的发明是什么?参见案例7.2。在那里,你有什么是更伟大的,不要因谦虚而将其疏忽掉。

这也是要联系专家的另一个原因。他们要么是专利律师,要么是专利代理人,甚至或者(最初)是全国存在的众多公共咨询机构之一。他们应该帮助你具体化你应该向谁说,什么是你所拥有的(或不拥有的),你的发明点到底在哪里,并据此最终起草一个申请。

第 8 章
模 拟

摘要

模拟方向在 IPC 的许多领域发挥着作用，例如 G06F 17/50（计算机辅助设计）和 G09B 9/00（供教学或训练用的模拟机）。一些训练模拟机具有许多与娱乐设备共同的特征（例如 A63F 13/00，涉及使用具有二维或多维电子显示器显示与游戏有关的方面）。当然，同一个硬件可以被用于训练项目的认证过程中，或者作为娱乐公园中一个虚拟娱乐设施组件。如果真有的话，那么在这一点上，它将是定义了预期目的和技术区别的模拟软件。下列两个案例属于 IPC G09B 9/08（用于教授飞行器控制的模拟机），而其他两个毫无疑问被分类到其他地方。读者将会在适当的时候发现。

8.1 案例1：用于模拟飞行状况的方法

8.1.1 说明书

2009 年 1 月，一架民用航空喷气式飞机在哈德逊（Hudson）河水面降落是飞行员参与的杰作。起飞短时间后，飞行员遭遇了来自两个引擎动力丧失的情况，因此他不得不在几秒钟内作出决定，在哪里以及如何降落飞机。该飞行员成功地将飞机着陆在河面上，使所有乘客和船员都获救。

尽管几十年的飞行经验不能充分地通过模拟来代替或弥补，然而正在进行的基于计算机的两个标准和突发情况的训练已成为现代飞行员训练的一项重要内容。

案例 1 的目的是描述这样一个案例，其中提出并支持对飞机出现的紧急情况进行模拟，以及对飞行员受训者的反应进行分析。

8.1.2 权利要求1

用于模拟飞行状况的方法,包括如下步骤:
(a) 使受训者面临一个不测事件;
(b) 观察受训者的反应;
(c) 将受训者的反应与预期反应进行比较;
(d) 评估受训者的表现;
(e) 对其表现进行记录。

8.1.3 审查员观点

权利要求1的模拟方法非常抽象。建议的训练方法可能被申请,但却没有模拟机,甚或没有计算机。获得其限制,方法请求的保护将延伸至飞行员评估中心的角色扮演或求职面试的指导中。

即使用于评估实习飞行员的方法是在计算机上实现,这也将成为许多基于计算机训练的理念之一,因此它不属于IPC分类的G09B 9/08,而是G09B 19/00(教学)。

因此,所有专利系统将很有可能会拒绝上述权利要求。这可能是因为在一些系统中,由于缺乏技术特性(欧洲)或未能成为法定主题(美国),或在其他专利局由于缺乏新颖性或创造性而遭到拒绝。不授予这样的专利申请专利权的确切理由最终不是至关重要。权利要求和说明书的内容是拒绝的理由。

事实并非如此,即以非常抽象的方式写的申请不存在于国际专利分类系统的其他领域中。像案例1的权利要求不论区域注定要被拒绝。如果说明书没有包含任何超越评估受训者抽象思想的重要方面,那么一开始就没有理由提交专利申请。另一方面,如果说明书包含了超过评估的裸思想,则权利要求应该体现本发明。

8.2 案例2:计算机实现的飞机配置

8.2.1 说明书

该专利申请案例涉及未来飞机的配置和模拟。这对于预售飞机是很常见的。即在实际建造和飞行之前,预售它们,并且以此获得市场。航空公司非常习惯于订购实际上还不存在,而只是在纸面上以说明书的形式出现的飞机,他们愿意以这种方式订购,即促使制造商为设计和认证过程买单。同时,以此使

第 8 章 模 拟

航空公司对未来飞机的特性产生重要影响成为可能,因为它们对丁按他们自身在客货运输市场的需求所确定的规格要求,有着非常清晰的设想。

这也是众所周知的,在多山地区的机场,如马德拉岛(Madeira)的丰沙尔(Funchal)机场,是如此难以降落,以至于飞行员需要专门的训练来应对这些安全状况。并且这种训练必须有飞机参与,其将遵守法律和当地机场限制约束,例如:最大翼展、跑道的最大长度、噪音限制等。

因此,航空公司面临了两个问题。一方面,他们希望使用的飞机很容易为飞行员所驾驶,以使技术娴熟的飞行员数量充足,从而拥有一个劳动力储备库,由此确保调度的灵活性,并且不产生额外成本。另一方面,他们希望飞机负载尽可能最大,以减少所需的飞机数目,并且使收益最优。

一种实现这些不同目标之间的最佳平衡点的解决方案,其能够通过模拟的使用和帮助,在制造和真实环境试飞之前找到。

所提议的解决方案(见图 8.1)包括用于具体说明和测试未来飞机的基于模拟系统的计算机。它包括飞机的规格,含设计参数、总长度、翼展、负载能力、负载平衡、风机型号;运输类型,即客运、货运或混合型和其他;现有机场的实际地形表现,含已知的难度特征(如葡萄牙丰沙尔和中国香港)、不同的气象条件(例如风力、降水、能见度),以及飞行员的熟练程度(初级、普通、专家)。

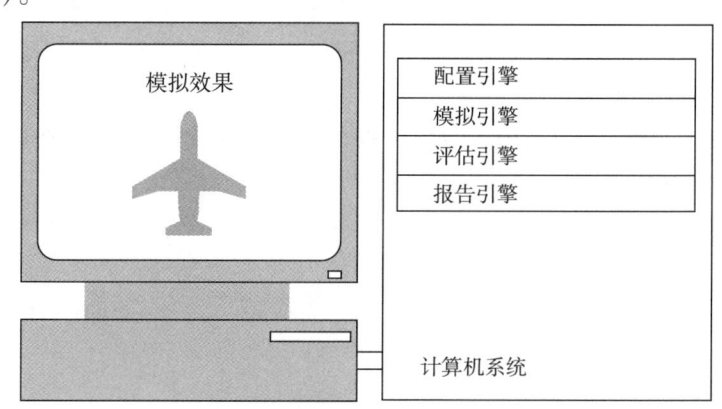

图 8.1　计算机实现的飞机配置

模拟过程的目的在于,通过改变可利用的模拟参数,在安全的操纵性和稳定性、最大有效载荷和经济的燃料消耗之间找到最佳的折中。

现在,将对这种模拟系统的申请可能性进行描述。

运输公司和飞机制造商的代表共同决定飞机的所有模拟参数,以及选择机场(或机场范围)、气象条件和飞行员的技术水平。

然后，在一个或多个选定机场的起飞和着陆范围内对虚拟飞机的性能进行评估，综合选取的天气现象和预定的飞行员技能。只要起飞和着陆操纵成功，临界参数 P_1 至 P_n，如负载、负载均衡、翼展等，就可以被改变，直到飞机达到一个临界的性能水平。随后，所有参数可以被保存下来，以便确定感兴趣的飞机配置。

如果一个或多个感兴趣的配置已被发现，飞机制造商就可以基于参数 P_1 至 P_n 的各组参数生成报价。并且运输公司可以根据他们的实际需求确定并订购最理想的飞机。相信这已经在设计过程中考虑到了。

8.2.2 权利要求 2

计算机实现的飞机配置、模拟和评估系统，其包括：

(a) 配置引擎 (ce)，用于定义以下项目的参数 P_1 至 P_n：
- 虚拟飞机 (va)
- 包含至少一个机场的地形模型 (ap)
- 气象条件 (wc)
- 飞行员技能 (ps)
- 法律和更进一步的机场限制 (lal)

(b) 模拟引擎 (se)，用于模拟虚拟飞机 (va)，由具有所选技能 (ps) 的飞行员驾驶该虚拟飞机 (va) 在一个机场 (ap) 的气象条件 (wc) 下，进行至少起飞和着陆的操作；

(c) 评估引擎 (ee)，用于确定该虚拟飞机 (va) 性能的法律履行以及更进一步的机场限制 (lal)；

(d) 报告引擎 (re)，用于生成虚拟飞机履行法律和更进一步的机场限制 (lal) 的说明书；

(e) 计算机系统，用于多个引擎 (ce, se, ee, re) 的实现。

8.2.3 审查员观点

具有 P_1 至 P_n 参数规范的飞机模拟可以有两个可能的结果。

➢ 结果 1

运输公司订购了大量符合来自模拟过程配置结果的飞机。因此模拟飞机的虚拟规范潜在地以一些不确定的方式与飞机制造公司的 CAD/CAM 系统相关联。相互关联中最薄弱的形式是手动复制某些参数（例如，长度、座椅配置）到制造商的 CAD/CAM 系统中。

相互依存的较强形式包括一个公共数据库，其用于在模拟和 CAD/CAM 系统中使用的参数子集。

作为 CAD/CAM 系统不可分割部分的模拟系统的参与，代表着与现实世界制造过程最强的整合。在这种情况下，参数 P_1 至 Pn 可以选自任何导致虚拟飞机高度逼真模拟的 CAD/CAM 系统的数据结构。飞机的最终配置和订购可以被看做是一个技术设计过程的一部分，以及制造过程的出发点。

➤ 结果 2

然而，如果运输公司没有订购他们已经在模拟中资助配置并进行观察的飞机，那么虚拟飞机将永远不会离开虚拟数字计算机世界，并永远不会作为制造过程的输入和起点。

则该模拟系统，其包括一台用于编程生成模拟飞机性能的图形表示通用计算机，不得不被视为一种营销工具，就像许多其他基于计算机的产品配置系统。

因此，如上所述，权利要求 2 的模拟机最多基于一台通用计算机，并且与制造过程并没有任何明确的相互关系。最好的情况是，一些模拟参数 P_1 至 Pn 可以通过人工输入到 CAD/CAM 系统中。然而，这样的输入方式也可能产生于一次销售会议上面对面的讨论。

由于极有可能被视为所实现的期望结果的表达，因此，鉴于已知的基于计算机的飞行模拟系统，权利要求 2 的模拟系统很可能不被视为具有创造性。

基于，其飞机配置器与 CAD/CAM 系统互相关联，以及飞机技术模拟的复杂模型、在技术模拟之后禁止配置、干扰制造和/或飞行性能限制，可能是创造性的基础。然而，专利申请必须公开 CAD/CAM 系统、模拟模型以及制造和/或飞行性能限制的所有相关细节，以便超越期望结果的简单愿望。对于欧洲专利环境而言，在这种系统下的考量，必须着眼于深入了解有关的系统和参数的技术细节，而不仅仅是法律和商业方面。

8.3 案例 3：计算机实现的飞行模拟机

8.3.1 说明书

如今，计算机实现的飞行模拟机已众所周知了几十年。它们最常在家用计算机系统中被遇到，并且主要用于娱乐计算机用户。然而，现代飞行员训练就必须完成几门计算机实现的课程，以便正确地为飞行员认证测试做好准备。

当前软件飞行模拟机的不足之处是缺乏触觉反馈。虽然，提供视觉提示可以包括向用户呈现如照片般逼真的景色，这样的模拟对于计算机中的虚拟世界仍然是有限的。

这个例子的基于飞行模拟机的计算机已经通过使用触觉反馈元件而得到增强。其在虚拟模拟和学员的真实世界之间建立起一座桥梁，从而提高了飞行员训练的认知学习效果。

模拟系统（见图8.2）包括一个通用计算机、飞行模拟软件、一个或多个可视化屏幕、一个座椅、多个踏板、多个飞行操纵杆，以及一个中央控制杆。

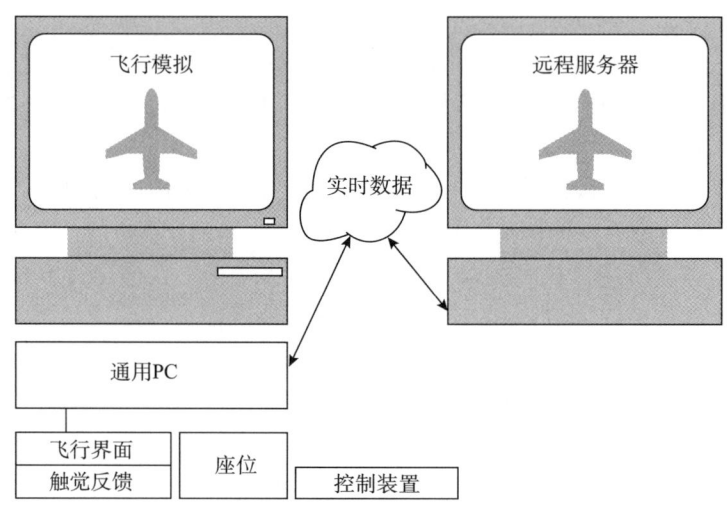

图 8.2　计算机实现的飞行模拟机

软件计算出飞机的飞行方式并至少生成了飞行仪器的图形表示以及窗外风景。另外，飞机可以从外部视点进行观察。软件提供了飞行学员的自动评估。它可以适应国家法规，并且有选择性地被集成到认证测试过程中。

在一个优选实施例中，视觉显示可以为头戴式显示器所代替，该头戴式显示器具有集成的三个自由度（3 DOF）的头部跟踪器，它使学员们在虚拟的模拟世界中环顾四周，就好像真的置身于飞机的驾驶舱里一样。

在更进一步的优选实施例中，计算机从远程服务器接收实时模拟数据。附加信息包括航空气象报告、航班时刻表和对等模拟（peer simulations）的模拟参数。

8.3.2　权利要求3

计算机实现的飞行模拟机，包括：

（a）一台通用计算机；

（b）一个或多个视觉显示器；

（c）一个或多个飞行控制接口；

（d）用于进一步的控制手段的一个带固定装置的座椅，其特征在丁，
（e）飞行控制包括触觉反馈元件；
（f）从远程服务器提供实时数据。

8.3.3 审查员观点

如果现有技术系统的讨论是有效的，那么基于通用计算机上公知的软件飞行模拟机，所要求保护的飞行模拟机是新颖的。由于模拟系统由计算机、模拟软件和模拟附属硬件组成，标准计算机本身不足以产生新颖性或者创造性的反对理由。

然而，用于教学或训练目的的模拟机领域与其他 IPC 领域有几个重叠（例如：A63F13/00 涉及使用二维或多维电子显示器的游戏相关方面）。在本案例中，飞行模拟机可以用于在游乐场的娱乐目的，就像它可以用作飞行员认证设施中的训练设备。偶尔，"重要"制造商会因该比较而被触怒，但是，它是允许或必需的定义方式。并且，同一个硬件系统根据模拟软件可以拥有不同的申请。

必须注意的是，飞行模拟机的性能必须与被模拟飞机的预期性能匹配至官方权威定义的精度。如果它打算用于官方的飞行员认证，则该精度通常远比大多数游戏或休闲时使用的模拟机型高得多。

今天的娱乐飞行模拟机正日益辅以力反馈飞行控制能力和以前保留的实时模拟数据，适时用于专业系统。如今，操纵杆、脚踏板和实物模型面板的利用成本越来越低。如果这些控件只是作为计算机键盘和其他标准台式计算机的 I/O 设备的简单替代，那么授予专利权似乎不大可能。然而，如果他们提供的触觉反馈方式在现有技术中还不已知，那么承认其创造性的可能性是非常真实的。

还存在另一个层面对现有技术的依赖，涉及将这种硬件配件集成到模拟系统中。反过来，这对硬件元素的总和是否必须被视为一个集合，或者是否配件有助于协同模拟效果是一个指示。由几块装饰板组成的驾驶舱实体模型只能被看做是美学装饰的独立物体，因为它对模拟过程没有产生任何影响。相反，座椅具有由模拟软件控制的触觉反馈元件，并且在对于输入的反应中，被用户或模拟事件激活和控制，然而，座椅却不能被孤立审查。

8.4 案例 4：特殊用途的直升飞机模拟机

8.4.1 说明书

带有硬件辅助设备的软件飞行模拟机已在本领域公知。结合现代个人计算

机,它们生成了飞机、机场和风景的逼真视图,产生了真实的声音,并且允许使用多种类型的带触觉反馈的飞行控制,有时甚至是可移动的座椅。虽然这种模拟机为非专业人员提供了很多乐趣,但是用于真正的飞行员认证训练,却只适合于非常有限的范围。

专业飞行模拟机,以相当详尽的程度,精确再现了特定机型座舱的内部。存在于座舱和原有飞行器部分的所有相关飞行控制,经常被用来增加真实感。模拟机座舱被连接到一个能够在六个自由度产生运动提示的运动平台。为了增加模拟的真实感,视觉提示在大的全景屏幕上提供,他们或者被映射到窗口,或者通过窗口可视化。然而,专业的模拟机是很昂贵的,并且需要大量的空间、电力和维护。

第三个案例的目标是一个省空间、低成本、高保真度的运动模拟机。它被限制于特殊操纵的模拟。小型专用模拟机的核心思想是满足严格的权威要求。

第一优选实施例是一种贴地(NOE)直升飞机模拟机(见图 8.3)。贴地是一种超低空飞行课程,用于在高度威胁的环境下,避免被敌人探测和攻击。与固定翼飞机相比[1],最低高度的贴地(NEO)飞行是由直升飞机完成的,由于它们较低的空气速度和较高的灵活性。

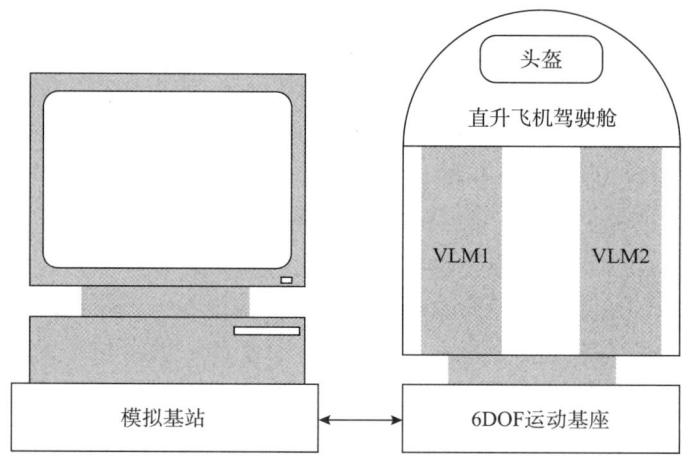

图 8.3 贴地(NOE)模拟机

对于这个第一专用模拟机,高性能的图形引擎模拟所有的视觉提示,即,快速变化的风景、直升飞机驾驶舱以及学员自己身体的可见部分,这是由于学员通过平视显示器观看整个场景。该模拟机驾驶舱的内部是非常简单的。在驾驶舱的实物模型里,只有 4 个飞行控制输入以及环状的、集体的、反扭矩的脚踏板和油门,该 6 个自由度运动基座的运动提示,其特征在于,非常快速和精确的垂直线性运动特征 VLM1 和 VLM2，其极大地增加了快速低空直升飞机操纵的保真度。使用 NOE 模拟机的训练由尽可能低和尽可能快的飞行组成，当然，不会导致对直升飞机的任何损坏或者碰撞。

另一个优选实施例是山地救援直升飞机（MRH）的模拟机。它包括具有与 NOE 模拟机相同的 4 个飞行控制输入的驾驶舱实物模型，但增加了 4 个安装在天花板上和一个安装在地板的投影机，用于窗外和穿过地板的整个全景视图。该 MRH 模拟机被安装在一个标准的六自由度运动基座上，但没有并入垂直线性运动特征 VLM1 和 VLM2。因为它的目的是用于山区救援行动飞行训练，它包括连接到直升飞机绞盘的山地救援担架的模拟视图和相关涡流产生软件模块。用 MRH 模拟机的训练包括将直升飞机保持在一个稳定的位置，以及尽可能快速和准确地操作绞盘和担架系统，甚至在由湍流发生器模拟的恶劣天气条件下。

在一个评估模式下，每个模拟机（不管是 NOE 还是 MRH）记录了受训者的表现和他们的学习进度，用于飞行学员的估价和认证目的。

8.4.2 权利要求 4

贴地（NOE）直升飞机模拟机包括：
（a）一个直升飞机驾驶舱实物模型；
（b）一个六自由度运动基座；
（c）一个与高分辨率全景平视显示器集成一体的头盔；
（d）具有高性能图形引擎的模拟基站，用于模拟在贴地飞行期间经历的瞬息万变的风景；
（e）其中特征 VLM1 和 VLM2 改善垂直线性运动的模拟。

8.4.3 审查员观点

对于本案例，假设贴地（NOE）直升飞机模拟机允许飞行在一定程度上达到极低空程度的模拟，用现有的模拟机是不可能实现的。硬件和软件特征 VLM1 和 VLM2，前提是构成了对现有模拟机的改进，假设二者已在说明书、附图和权利要求中进行了详细描述。

用于特殊用途训练模拟机的专利申请具有很好的机会被授予专利，这基于此种假设，即他们以足够详细的程度公开了该发明，其超越了所期望的模拟结果的抽象的概念和空洞的指示。

在上述案例中，认为已被充分公开的模拟机特征 VLM1 和 VLM2，在专利局将被视为具有新颖性和创造性。

值得注意的是，在 EPO，未被本领域技术人员以充分清楚和完整的方式进行公开的发明，其申请可能面临一个公开不充分的拒绝（EPC 第 83 条）。如果申请人未能在欧洲专利申请提交之日公开本发明，那么就很难（即便不是不可能）在不违反 EPC 第 123（2）条的情况下进一步补充细节。该条规定，欧洲专利申请或欧洲专利不可以以这样的一种方式修订，即它包含的主题超出了所提交申请的内容。虽然律师和他们的客户可能会抱怨，该条的应用在某种程度上对他们造成了伤害，然而，通常的情况是，他们希望添加一些内容，可能仅仅包括几个字，其原因恰恰是因为它很重要，并且没有出现在原始提交的申请中。

潜在申请人被要求在提交申请之前给出这方面的一些想法，并向专利律师征询在 EPC 第 83 条及第 123（2）条内容中，有关公开的要求以及修订可能性的更多的细节和法律建议。

8.5　案例 5：特殊主题——非统一体

为了就这个特定点更进一步地分析，假定 NOE 模拟机（见图 8.3）和 MRH 模拟机（见图 8.4）分别在各自独立的权利要求中要求保护，并且基于各自的现有技术是新的和有创造性的。读者已经注意到了"各自的现有技术"的表达，这意味着两个模拟机必须基于不同的现有技术来审查。

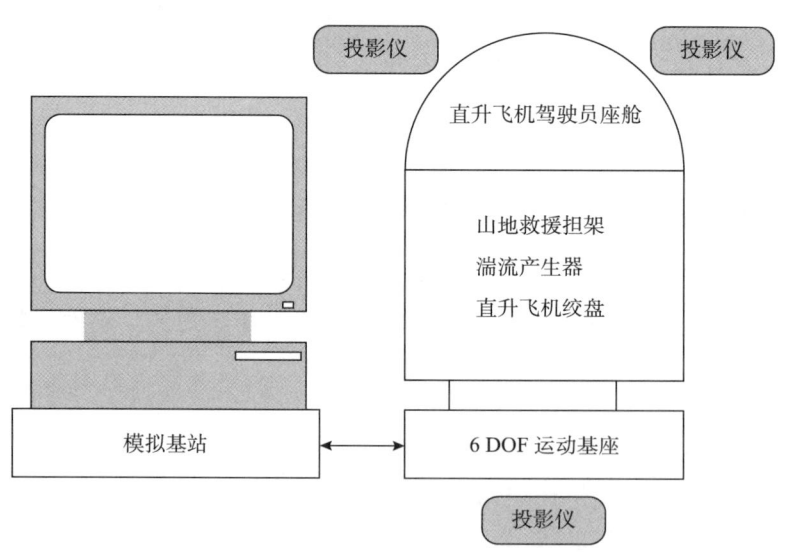

图 8.4　山地救援直升飞机（MRH）模拟机

8.5.1 权利要求 5

山地救援直升飞机（MRH）模拟机包括：
（a）一个直升飞机驾驶舱实物模型；
（b）一个六自由度（6 DOF）运动基座；
（c）4 个安装在天花板和地板上的完整全景投影仪；
（d）一个连接到直升飞机绞盘的山地救援担架；
（e）一个湍流发生器。

8.5.2 审查员观点

NOE 模拟机的特征是运动基底的特定目的元素 VLM1 和 VLM2。然而，MRH 模拟机除了包括一个标准的六自由度运动基底，还进一步包括多个投影仪、一个绞盘、一个担架和一个湍流发生器。

虽然两个模拟机都包括在一个专利申请中，但是他们本应作为两个独立的专利申请进行提交，因为他们没有共同的"特定技术特征"。

EPC 和 PCT[2]要求一件申请应该仅涉及一项发明。如果多于一项发明，在一件申请中包含那些发明只能在这种情况下被允许，即，如果全部发明相互关联形成单一的总的发明构思。对于在一件申请中要求保护的一组发明，发明的单一性只存在于，当请求保护的发明中存在技术关联之时，并且该关联涉及一个或多个相同或相应的特定技术特征。"特定技术特征"表达的是那样的一些技术特征，其定义了每一组作为整体考虑的发明基于现有技术所作出的贡献。那些贡献的确定是基于权利要求的文字表达，并且依据说明书和附图（如果有的话）的解释。

然而，NOE 模拟机和 MRH 模拟机都没有以任何这样的方式进行关联，以形成单一的总的发明构思。NOE 模拟机运动基座的 VLM1 和 VLM2 元素没有被包括在具有地板投影仪、绞盘、担架和湍流发生器的 MRH 模拟机中，反之亦然。

不管怎样，两个专用模拟机都可以被认为基于已知的直升飞机模拟机具有新颖性和创造性，甚至在各自的发明通过不同的技术特征来实现的情况下。因此，申请人可能不被允许接受一项专利涉及两个独立的发明。

如果你认为你的发明或申请中包含不具有单一性的主题，笔者将建议你与你的专利律师做进一步的细节磋商。

参考文献

[1] [EB/OL]. (2009-03-31). http://en.wikipedia.org/wiki/Nap-of-the-earth.
[2] Ref. PCT Guidelines, as in force from March 25, 2004, part III, chapter 10.01, unity of invention [EB/OL]. http://www.wipo.int/export/sites/www/pct/en/texts/pdf/ispe.pdf#page=75.

第 9 章
游　戏

摘要

"游戏"意味着什么？这也许是一个非常基本的起点，但如同其他被排除的事情一样，游戏的起点就是"像这样"。没有人真的希望此刻放在他们桌子上的一份专利申请，仅仅是叙述跳房子游戏的规则。但事实上，游戏方法的专利申请依然在进行。这可能是一些与彩票系统、在桌上玩的博彩游戏相连接的机会游戏，或者更常见的情况是，与以某种方式能够玩游戏的机器相关联。

关于商业方法的这类游戏的申请，逃脱 EPC 的排除条款的门槛被设置得很低。在美国，没有系统地提供被排除主题的案例。相反，却有对于被考虑的法定主题的确定。因此，在美国的体系下，逻辑上游戏或任何其他领域也应简单地归入用于建立法定主题包容性的定义或者测试之中。

自然地，在数据被处理或管理用以计算结果概率的情况下，实际上存在一个对类似于人的思维过程的模型化，其会发生在国际象棋，或者更迫切地发生在俄罗斯轮盘赌游戏期间。同样，有必要描绘出一幅图像，向用户显示出游戏中正在发生什么，现实中通过玩家的全角度视野能够看到什么，并且（以有限尺寸）将其反映到屏幕上，然后将等同于同伴玩家警告声的模型包含进去。

因此，如何在游戏系统的机械部分或接口的实施中准确地实现这种处理或描述，就成为申请成功可能性的关键。就像足球的相关设计，球门柱设计和足球鞋可以是专利申请的合法主题，同样，允许玩游戏的电子基础设施也可以是。然而，一如既往，划分游戏规则结束和技术实现开始的界限，并不是那么简单就可以描述或作出决定的。

适用于计算机领域从业人员的专利法实例

9.1 案例1：多玩家游戏

9.1.1 说明书

在使游戏玩家有效地参与游戏并以愉快的方式交互过程中，对玩家之间的信息流及其控制以及合作方式的精细管理是至关重要的。如果这种管理太普遍，则玩家们将不会找到游戏吸引他们注意的地方，并且他们希望继续合作的行为也将减少。由于这与普遍存在的开始游戏的概念相反，所以极其重要的是呈现玩家关注度最高的信息流的数量、质量和时间安排。这个问题由本申请通过提供规则框架和信息流的时间安排来解决，以使得某些信息在游戏运行期间的任一时刻仅可以由特定的玩家获知。其他的信息只能在游戏中的特殊点被把握和揭示，并且以娱乐和吸引玩家注意力的方式进行管理。

特别是，包括了允许每个玩家记录并跟踪他们自己的初始游戏数据，以及有关其他玩家游戏位置数据的装置。这些记录装置可能是电子的，并且可能彼此之间通信或者与另外的数据处理装置进行通信，部分或者所有数据从其他正在使用的装置传递给该数据处理装置。

9.1.2 权利要求1

一种用于多玩家的游戏，其中：

第一玩家在毫不知情的情况下，分别从第一种道具（item）、第二种道具和第三种道具中各随机选择一件作为竞猜的未知组合；

随后，在不了解其他玩家所收到的道具的情况下，所述多个玩家中的每一个都被分配给剩余的第一种道具、第二种道具和第三种道具中的一个偶数项；

每个玩家依次询问其余玩家其第一、第二和第三种道具个人组合的相关信息；

其中，当被问到：

如果玩家拥有被盘问到的任何一件道具，则必须展示，但仅仅是向盘问信息的玩家展示；

其中，每个玩家被提供使用一种信息记录装置，以获得游戏全过程中来自于其他玩家的有关如下方式的信息，即：允许折现最初未被选择的第一、第二和第三种道具以及未知组合；

并且，其中胜者是，借助于该记录装置，第一个计算出未知组合的玩家。

9.1.3 审查员观点

对于那些没听说过该游戏或者不了解它的人,所述游戏其实是非常著名的妙探寻凶 Cluedo©。其中,要猜到的组合是:人(凶手)、发生谋杀案的房间,以及道具即杀人凶器。由于组合的数量虽然大但可以穷尽,对于适宜的思维敏捷并且记忆力强的人而言,玩此游戏可以不需要使用装置记录他们看过的牌以及随后留下的唯一可能组合,也不会反复"浪费"他们的猜测。

然而,无论装置是纸和笔,还是具有其他未明确记录能力的小电子器件,权利要求中都提供有计划用予支持游戏的装置。这些不属于玩游戏的方案、规则或者方法的一部分,因此将定义提升至超过游戏"本身"这道门槛。

而剩下的是一些"备忘录",因此,我们显然不必花时间对其作不必要的考虑。主要专利局基于这种权利要求主题颁发授权,有非显而易见性或创造性的要求。由于明显缺乏这种非显而易见性(US)或者技术创造性(EPO)存在的基础,因此它无疑会是一个内部相当关注的有关质量保证的问题。

至少,超越简单记录之上的某些交互作为装置和游戏之间的联系是必要的,以便以某种方式来充分说明其与"任何其他适合的记录装置"在技术上的区别。

9.2 案例2:用于多玩家游戏的设备

9.2.1 说明书

在需要策略竞猜以便与对手作战的游戏中,传统上采用对手看不到的格子纸,记录玩家自己棋子的位置和玩家猜测的对手棋子的位置。

通过轮流竞猜来玩游戏,玩家通过猜测对手棋子位置从而"猜中"得分,并被奖励继续往下猜。如果该玩家"猜不中"对手的棋子,就轮到对手来猜了。

在纸上玩这种游戏有某些限制,关于策略水平和被告知的所涉及的竞猜性质。虽然许多玩家试图实现在他们隐藏的纸质图表上随意地放置他们的棋子,不过,形成某些偏好和习惯是人类的本性。

本发明(见图9.1)提出了一种游戏的电子版本,在该版本中,存储了之前玩的游戏,并且可以与各自的玩家相关联。通过利用所述发明,玩家可以在游戏期间回忆起以前屏幕上的游戏,并考虑针对当前对手的定位选择是否存在历史模式。基于第一次"猜对",设备可以执行当前游戏和以往游戏之间的一致性检查，指示出那些以前在与当前游戏相同的位置发生过"猜对"的游戏，从而增加指示出对手对其他棋子进行定位的概率。

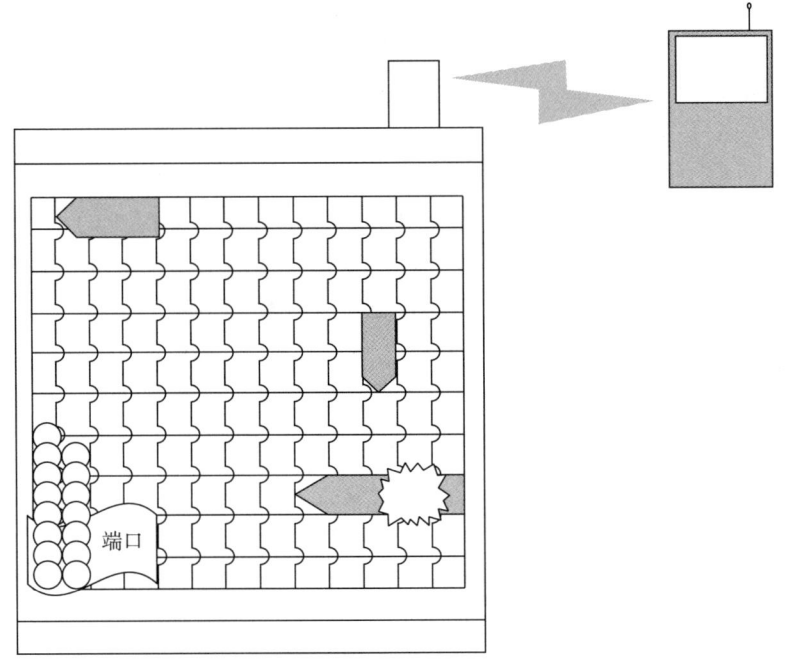

图 9.1　具有显示器、存储器和处理装置的设备

虽然通常会在两个电子设备之间玩游戏，但一个单独的共享设备可以被采用，由于明白向使用该电子设备的其他玩家透露是不公平的，因此对手应该同意将他的棋子位置输入该共享设备。

尽管便携式设备使用的显示器（可能是各种触摸屏）、用户输入/输出接口装置、存储和通信装置（希望应该是无线通信和单个玩家数据输入）是标准性的，但是适用于不同情况下的特殊游戏需求。

9.2.2　权利要求 2

一种具有显示、存储和处理方法的设备，适用于如下游戏性能：

使用所述设备的玩家向存储器输入一组数据，以指示道具的二维布局，该道具是在网格上玩的具有特定性质的棋子；

网格和玩家的象征性游戏棋子被显示在设备显示器上，以用于玩家浏览；

对手可以通过参考网格坐标猜测玩家的游戏棋子的位置或者部分位置；

其中，表示参考网格坐标的数据，要么可能被标示它的对手传送给玩家，

并且玩家在其设备上输入猜测,而对手棋子的隐秘位置已被事先秘密地输入到了设备上;

要么

通过对手在兼容设备上输入猜测,并将这些内容电子化地传送至玩家的设备上;

如果猜测是对的,则对手继续更进一步的猜测;

如果猜错了,则猜测对手棋子位置的机会传给玩家;

其中,在玩游戏的过程中,游戏的玩家可以从设备的存储器中召回之前显示对手棋子布局的游戏结果,以辅助他为参考网格坐标的猜测作出决策;

并且,继玩家首次正确猜测了对手的棋子位置之后,基于现有的正确猜测的参考网格坐标,按照相似概率由高至低的顺序呈现之前的游戏结果。

9.2.3 审查员观点

为了清晰起见,或者为了那些极少经历战争童年的人们,该游戏是电子版的经久不衰的"超级战舰(Battleships)",其大约在1900年首先以纸制的形式闻名,并且是20世纪70年代首批以电子形式表现的游戏之一。

游戏的实现从纸和笔到电子版的单纯转变,其本身可以说是微不足道的,的确,在21世纪,这可能具备一些正确性的逻辑。然而,简单按年代顺序排列的观点,会对申请者和当局之间的讨论产生相当大的影响。

创造性/显而易见性在多大程度上取决于日期?合理的答案是"非常",尽管极为难以量化。在20世纪70年代,单纯使用电子设备将使负责实现它的那些人付出相当多的努力和技术;设备将不得不是专用的,除非它运行在一些最初的个人计算机上(以今天的标准,个人电脑体积大得可怕、速度缓慢并且昂贵)。

如今,用于游戏程序的电子设备的使用不太可能说明创造订制设备的必要性,而是给用户的设备提供特定的软件,以便向玩家提供用户界面,并且使用适用的处理器来运行游戏。最接近专用设备的设备可能会是一个游戏平台,或许是某些类型的一台特别制作的控制器(用带有扳机的枪或带有方向盘功能的环形物,替代更加通用的控制器板或遥控器棒)。

然而,本权利要求被写成直接针对一个特定设备,作为硬件和软件的组合,根据特定规则完成特定的游戏。虽然审查员会清楚地意识到,任何具有可编程功能的触摸屏设备可以运行这样的应用程序,他将很有可能提供一个文献,该文献不仅包括物理方面,如(触摸屏)显示器、可能的通信装置以及能够运行游戏的存储器和处理器,而且考虑到所定义的"启示"能力,他也可能研究现有技术。否则，因为在玩游戏的过程中能够使用回忆和显示功能的证据不足，很可能会被提出拒绝。

虽然这对于任何读者（但申请人代表除外）来说是一目了然的，即使是20世纪90年代早期的电子触摸屏掌上电脑（PDA），也完全有能力执行这样的编程任务，尽管如此，在上诉的情况下，随后的程序可能要求证据。

在美国，当与设备特征相结合时，游戏规则相比于欧洲和日本可以给予更大的权重。对于审查员来说，作如下断言是相当困难的，即按照某种规则对有针对性的通用功能设备进行编程是显而易见的，直到后来有了针对现有技术组合的显而易见性的判例法。对于美国体系，保持了制品的设备以及在完成某些任务的状态下提交它的理由被认为作为创造性考虑的区别特征，是独立的、明显的和有效的。

9.3 案例3：手持式游戏设备

9.3.1 说明书

众所周知，由于受到设备显示能力的限制，游戏的信息可能会从视野中被隐藏，从而使游戏的乐趣和范围受到限制，并使游戏设备的用户感到十分沮丧。尤其就手持设备而言，为了传达足够的信息给用户，屏幕分辨率、便携尺寸和重量以及设备的功能之间的平衡格外难以实现。

申请人已经认识到，一种能够扩展小型设备上的显示器感知信息内容的有效区域的方式，是通过使用设备中的运动感知。

许多手持设备（所谓的"控制器"）之中已经包含了振动发生单元。本申请提出在移动设备中包括这种单元或者是对这种单元的控制，如果这种控制已经存在于该单元中。

标准已知的游戏设备计算出哪个图像应显示在显示器上。本申请（见图9.2）对计算进行了扩展，以便准备对用户来说不可见的虚拟屏幕，扩展就像它呈现在屏幕上的视窗之外一样。由于虚拟屏幕部分不能以图形示出，所以生成了指示虚拟屏幕的非图形部分内容的信号，并用于控制所述振动单元。

以这种方式，例如玩赛车游戏时，一辆参加比赛的赛车几乎是并排着，但不是处于设备屏幕上以图形方式示出的"挡风玻璃"视野以内，该设备可能由编码指示方向，其振动将使用户感觉到在附近或者在那个方向上有其感兴趣但却看不见的事件发生。

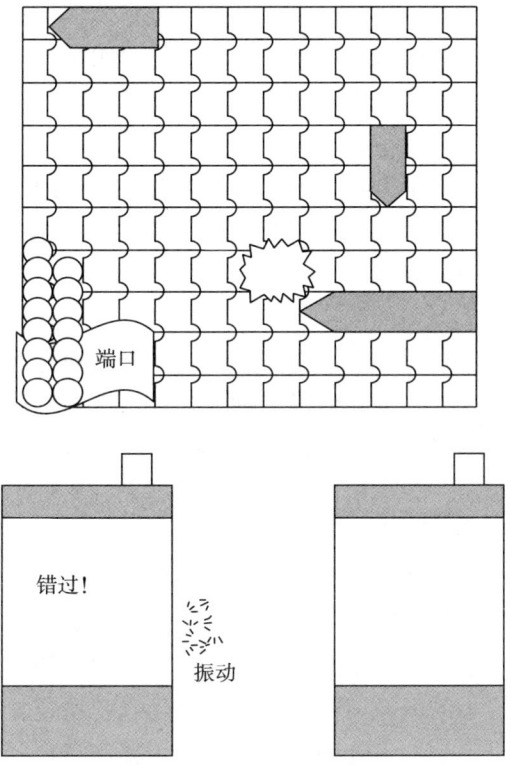

图 9.2 手持游戏设备

同样地，在玩竞猜游戏时，例如电子版的"超级战舰"，其中玩家猜测对手的舰船停泊在网格坐标基线上，通过激活振动单元的力度和持续时间，尚未完全显露出来但刚刚超出屏幕"视野"的附加信息，可以允许在游戏中对你的对手的武力及其用于单元的修复能力给予更好的评价。这将增加功能、扩展能力，并且增加游戏体验的乐趣。

9.3.2 权利要求3

一种手持游戏设备，包括图形控制单元、图形显示器、扩展显示控制单元和振动发生单元，其中：

图形控制单元准备图像，该图像延伸超过了图形显示器的显示能力，每个维度都超出了预定量；

扩展显示控制单元对为内容准备的图形图像部分进行分析，并且导出扩展显示控制信号；

扩展显示控制信号用于控制所述振动单元，其中：

振动发生单元被激活，以指示出游戏进行中在图形图像显示之外，但却在空间上或组织上与该图像相关联的感兴趣的项目或附加信息。

9.3.3 审查员观点

要求保护的主题是一个设备，因此在可专利性的排除不适用的范围内，申请人立刻得到了一项可能取得专利的发明。随之，欧洲审查员将继续考虑新颖性和创造性。在美国和日本也是这种情况。

现在，审查员将试图弄清楚设备的哪些部件实现了什么以及如何实现，此外，通过定义特征的方式寻求整个保护范围。同样应该考虑在设备的部件与游戏本身之间，是否存在如同使他们以某种方式交互那样的途径产生的关联，这种方式使技术特征超越当前的物理材料及其执行的处理步骤。

必须要研究的是振动指示信息的使用。在这里，实际上没有定义或描述出正在显示什么类型的信息。声音是振动，并且通常与玩游戏相关，然而该申请并没有提及此点。难道振动发生装置仅仅是一个扬声器吗？

情况是，要求保护的主题定义了显示控制装置的有些模棱两可的功能，其中，它显然准备了一个大于显示器的图像，然而却没有进一步适用的定义来说明其如何做，或被显示的图像以外的区域如何处理。所定义的功能保持在具有通用处理器的任何设备中，该处理器控制了显示器和扬声器，并且由此生成了与显示的图像之外的某些内容有关的声音。

模棱两可的本质可能多少有些执意地触发一种感知，即有必要提供一个展示出一些没有看见的汽车的噪声特性的文件，以便显示出振动与已知"视野外"正在发生的事情之间的联系。当游戏设备的所有物理性能无论如何都存在时，诸如振动、屏幕控制播放器的控制功能，那么如何表现，相当值得商榷。

就其本身而言，虽然排除了信息显示，但当信息显示以依赖于情景的方式与某种技术基础相结合时，在欧洲有各项决定来应对这一方面。而指出"屏幕以外"正在发生的事情是可能被认为有创造性的，因为它增加了用户可利用的信息内容，可能等同于宣称仅仅以电子格式提供了饭店里的卫生间指示标志。不管怎样，这是对现有设备组件操作的简化以反映现实生活中发生的事情。并且借此，申请人可能幸运地获得并受限于特定的现有技术进行讨论，而不是基于缺少显而易见的常识进行讨论。

9.4 案例4：基于 RFID 的多玩家游戏系统

9.4.1 说明书

在玩游戏之前已被分成现实玩家和虚拟人物的情况下，许多游戏玩家现在不仅在现实生活中努力参与，而且也对虚拟环境下发生的事情付出努力。然而，虚拟环境中的努力不过提供了特定虚拟环境下的交易和影响手段，其为占据它们的其他人所重视。

到现在为止，通过在虚拟环境中取得成功所拥有的价值对现实世界影响不大；通过虚拟资本和现实世界的金钱之间的贸易所得，只能取得有限的经济收益。

申请人已经意识到，虚拟环境的居民常常也参与虚拟世界的游戏，同时可能不愿意进行虚拟环境与真实世界的价值交易，在这样的情况下，提议了一个过渡阶段。在过渡阶段中，虚拟环境中的价值可以得到承认，并且可以在虚拟世界的游戏中得以使用。

与归因于虚拟环境的价值相关联的虚拟世界游戏被提出。其游戏操作部分基于移动设备屏幕，并且具有虚拟世界游戏的特征属性。此外，直接实时参考一张游戏棋子分布表格，该表指示出其他玩家的部署和资产。一些关于玩家能力的信息只显示在移动装置的屏幕上，该信息与正在表格上移动着的物理目标有关。RFID（射频识别）技术可以用在表格和允许跟踪的目标之间，并通过蓝牙报告给本地的移动设备。玩家可彼此远离或同在一张桌子上。

玩家通过他们的移动设备，可以重新指定其控制下的表格选项的含义，并利用他们在虚拟环境中建立的价值来购买进一步的能力。

作为一个显而易见的例子，在电子版的游戏"超级战舰"中，当舰船被"击中"，它遭受的损坏是无法修复的。然而在现实世界中，依赖于控制舰船的当局的基础设施和财政能力，假设舰船没有沉没，它可能被迅速修复，并继续服役，也或者不作修复。

在所提议的游戏中（见图9.3），存储于玩家虚拟环境能力的存在，就此显而易见的例子，能够允许通过快速修复受损的战舰来改进和加强游戏体验。其他玩家后来将只能通过已经更新了其特征的表格中的对象来感知此能力。当这种情况发生时，通过在表格中的实际项目来向其他玩家报告。然而，为了阅读报告，即使可能给其他玩家有相应比例的能力安排，也还是依赖于他们自己建立的虚拟环境的能力。

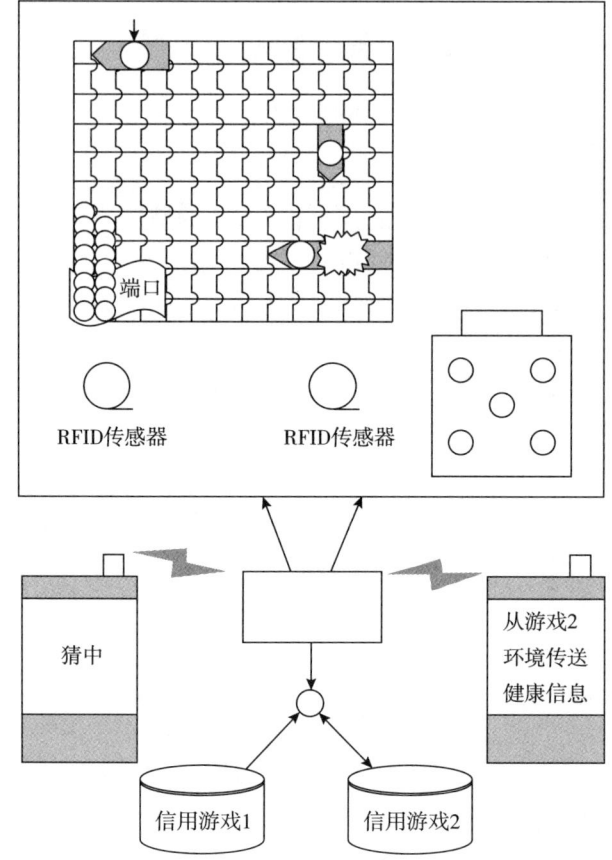

图 9.3 启发式海战游戏系统

游戏作为一个整体，允许在虚拟现实游戏与角色、物理存在的玩家身份，以及表格上的真实项目之间产生联系。

为了实现此目的，提供了一种服务器网络，用于玩家所拥有的虚拟环境价值支持数据与他们在虚拟游戏世界中的实践支持数据之间的交流。价值计算引擎处理来自于两个环境的数据，并且基于在虚拟环境中积累的价值提供一组游戏世界资源。由于在游戏中使用了资源，因此虚拟环境中积累的价值会减少。

被关注的可用和在用的资源数量，取决于实际物理资源模型和他们的技术特征、能力和成本，在获得所述模型的过程中，需要这些资源的深入技术知识。

9.4.2 权利要求 4

一种运行于第一游戏剧情的启发式海战游戏系统，所述系统包括一张表格、各种形状的游戏棋子以及一个骰子；其中，所述表格包含一个游戏台面，代表一个海洋区域和两个海岸线区域；所述游戏棋子代表各种类型的军舰和补给船；

游戏棋子可根据骰子上显示的数字来移动，该数字对于对手也是已知的；

骰子、游戏棋子和游戏台面利用游戏棋子和骰子中的 RFID 标签以及游戏台面上的传感器进行通信；借此，中央游戏监控装置确保公平游戏并向玩家报告犯规行为；

第一游戏剧情，包括玩家轮流猜测其他玩家的棋子在网格上的位置，其中玩家不能查看他们同伴玩家棋子的位置，并且，其中正确的猜测被认作击中，这将对游戏棋子造成一个等级的损失，该损失由中央监控装置基于所代表的船舶类型及其当前受损的状态计算出来；

中央监控单元利用任何舰船当前的损坏状态，计算出这种舰船维修所需的费用和时间，玩家将会选择使用自己的骰子得分来移动舰船到该玩家的海岸线区域上表示的合适的修理厂；

其中，中央游戏监控装置与玩家的移动设备进行通信，并可以从这些设备接收指令以购买游戏能力，例如玩家使用信用额购买的增强修复功能，该信用额通过第一游戏开始时所提供的信用卡明细得到，而且被存储在与第一游戏剧情相关的第一服务器中；

中央监控装置与持有第一游戏剧情相关数据的第一服务器进行通信，同时也与持有第二游戏剧情相关数据的第二服务器进行通信；

第二游戏剧情包括虚拟世界的主环境，玩家可以通过他们在虚拟世界环境中竭力参与的虚拟世界里的相关角色来获得信用额；

进一步地，该玩家可指示中央设备将信用额从第二游戏环境传送至第一游戏环境，以便在第一游戏剧情中获得优势。

9.4.3 审查员观点

这个案例是放在审查员办公桌上的一个很慎重的多种类型权利要求的混合体。游戏和游戏规则、财务会计系统，以及为支持这些领域而定义的现实事物模型和设备。

让我们将一小部分权利要求划入物理方面。我们具有与中央单元通信的一对移动设备，该中央单元以某种方式连接到两个服务器。数据在所有这些设备之间流动。此外，我们具有某种形式的游戏台面，其利用 RFID 跟踪技术向中央单元报告数据。

假设该部分被认为本身是显而易见的，或者在这些领域存在现有技术，那么审查员的关注点将开始完全移向哪种数据流向哪里，以及为什么。首先，让我们分别来看这些移动设备。如果我们采用的所有这些信息公开和定义的日期是在 21 世纪的，那么以下假设是相当安全的，即，移动设备应该具有所预知的必要的处理、存储、通信和显示能力，并且已安装了适宜游戏的"应用程序（app）"。

同样，该中央处理装置有一点儿区别。任何标准的低配置计算机应该具有与游戏台面系统的接口能力，以跟踪棋子和骰子，并且处理那些必须要处理的数据。如果没有进一步的信息，这可能在某方面被认为是在这一领域特殊的公开，那么将几乎不可能存在争辩，即对有这样一个中央单元感到惊讶（虽然它不存在，单独依靠移动设备实现处理游戏和数据流的功能，之后该申请人的争辩可能对于审查员具有更大的挑战性）。

为游戏台面、游戏棋子和骰子而定义的 RFID 跟踪系统，（如果你具有该领域的基础知识）是相当平淡无奇的，因为这些以司空见惯的方式被用于赌场，以便跟踪筹码、扑克牌及其他游戏棋子。

超出当前游戏环境（假设玩家们处于同一地理位置），权利要求的被保持在服务器上的数据定义，可以被认为只是以十分常规的方式公开了利用网络在相互独立的设备上处理和存储数据，并且还允许这些设备之间的访问。

然而，甚至在欧洲，审查员经常面临来自申请人，又或许来自上诉委员会的争辩，即，这些部分是特殊"群集"，其可能以某种方式导致一个需要技术解决方案的客观技术问题。因此审查员必须做的是，考虑（公开且透明地对此运用逻辑）何种功能，以何种方式相互关联。

这里考虑的出发点可能是棋子和主机中央单元之间的 RFID 连接。因为从系统使用中得来的数据同样可以被直接输入，例如通过键盘，所以这些特征的实际功能涉及完全分离的领域，并且可能被审查员视为"局部问题"，即这些数据的自动化采集技术。由于我们已经确立其本身是已知的（虽然示范文件可能是明智的预防措施），因此我们可以进一步设想系统的其他部分在做什么，因为这部分的考虑现在可能对于以下可能性有所限制，即在作为一个整体的系统中，有一些意想不到的涉及其整体功能的协同作用（这是不太可能的）。

接下来是，我们具有主机单元及其经由主机设备与持有信用数据的服务器之间的连接。这里的麻烦点是，在考虑哪些系统具有良好的现有技术时的价值观念。申请人可以选择性地争辩，服务器不是金融服务器，因此不应该与这些相等同，或者，由于一时的人格分裂，争辩因为这种服务器的功能与那些银行业务系统的服务器是一样的，所以在不可思议的游戏领域中，服务器采用这样的结构。所提及的"麻烦点"用以下方式表示其意义：

第9章 游戏

当对赌博、游戏和银行业务系统领域进行审查时，审查员不得不考虑具有相当可塑性的"货币"定义。当然，这个概念在这个世界上具有相当的重要性——因为我们知道，金钱使世界运转。

但是，货币是什么？它是某种形式的单位，在某些时候被简化为数据输入，但是确实只是将一些价值归为信用的一种表达。依赖于人的认知、需求和压力，货币的实际价值将变得真正仅仅剩下其计量单位本身——一个原始数据值。

因此，无论是用户奖励积分、公司股份、在赌场或其他游戏中的游戏信用额，还是€、$、¥或£的输入，在数据库中具有数据输入的事实，是技术重要性的唯一标定点。关于欺诈性质的最新讨论，可以进一步向读者澄清此点，即如果两个药品经销商在虚拟游戏环境兑换货币（为此，你可以使用"现实世界"的货币购买信用额，再以类似的方式提取那些钱，但是对于银行业和法律来说，它是作为"黑匣子"存在的），那么这是否构成犯罪行为或洗钱的一部分呢？作为其行为的一部分，运行该"游戏"的公司对当局是否负有责任？

一些运营虚拟世界公司的公司，基于预防的目的，经常记录所有数据并且已经申请了银行法下的认可，然而，他们常常不能确定他们可以或不可以对什么负责任。

因此，考虑到这些因素，有些离题的是，系统是否被申请人设想为一个银行业务系统。实际上，它只是以类似的方式起作用。一个数据库中的数据项代表一个账户下的信用额，并可以被传送以更改另一个数据库的数据项，也就是有效地更改账户。因此，利用某种移动设备，在建立和触发从一个账户向另一个账户的传送之间，技术方面只存在非常小的差异（即，从一台便携式计算机访问任何互联网银行业务系统）。

最终，我们借助于移动设备和主机设备以及运行于其上的程序使游戏得以运行。由此组合，打动审查员的是对将要实施的损坏和修复时间的建模。这类似于车祸事件中对汽车可能造成的损坏的分析系统，也类似于对车辆损坏的修理费用分析的系统。保险公司利用这种系统，然而，一起运行此系统和在所选特殊的体系结构上运行此系统是完全不同的。

正如在其他章节中已经提到的，申请人将要克服的剩下的障碍是由审查员提出的致命问题，即"那么，随后它是如何做到这一点呢？"在目前的情况下，如果规定的架构和基本思想以前没有被提出，那么已被定义的是支持游戏的一个新架构，并且被传送的数据和因执行该游戏必须进行的处理，乍看起来可能并不是显而易见的。在这一点上，建模与模拟的要素甚至可以不必要详细

适用于计算机领域从业人员的专利法实例

地披露。如果审查员提供了一份文件，该文件显示了基于服务器、两个玩家经由本地主机进行游戏的现有技术存在，那么无论如何讨论仍将转向那些细节。

审查员必须考虑的最后一点是对该系统的总体观点。在本案例中，申请人交叉使用两个游戏环境以得出一组新的定义，即通过将来自一个环境的信用额用在另一个游戏环境中，而在之前所述的另一个游戏环境中，不能够正常通过金融影响力来影响游戏的结果，不论是虚拟的还是真实的。因此游戏的基础规则已经发生了变化。这本身不能有助于技术特征的总体定义，然而实施是不可否认的技术特征，并且，即使将要被传送和处理的数据本身是非技术的，作为一名欧洲审查员，在没有具体原因按照特殊"群集"（EPO 上诉委员会的术语）定义将网络和组件结合在一起的情况下，证实一个缺乏创造性的异议可能很困难。人们可以设想传送数据和组织处理设备的其他方式（前面给出了关于仅利用移动设备处理能力的可能性暗示）。

底线是，这样的系统具有相互关联的诸多方面，由此至少大大增加了申请人获得成功的机会。剩下的要点和往常一样，是必须有大量的实质内容，在原始提交的申请中的公开不仅允许申请人对抗任何缺乏充分公开（即"怎样实现"的问题）的反对意见，而且也允许申请人退回到应该修改成如上所述的一个或其他有前途的方向，必须与修改不得超出原始提交的申请的必要条件不相冲突。

第 *10* 章
电子学习

摘要

可以发现,电子学习和教学申请落入 IPC 大类 G09B 下面的多个位置中,例如 G09B 5/00、G09 B7/00、G09B 9/00(模拟装置)和 G09B 19/00。电子学习和教学领域的申请往往建立在通用计算机基础上。使用标准接口与用户交互,例如键盘、定点设备、话音输入和触控式显示器。教学原理的实施往往是在非常高的抽象水平上进行描述。申请考虑学习系统的硬件结构对内行来说是熟知的,而软件则往往是在没有公开实施细节的功能性条款中进行描述,这些实施细节在学习系统实现期间可能具有重大意义。以下案例涉及地理学教育环境下的电子学习系统。

10.1 案例1:交互式电子学习工具

10.1.1 说明书

具有可替换印刷面板的电子板的制造是已知的。预定的接触点被分布在板的表面。学习板用户将第一个接触式探头紧挨着学习项目的图示放置,例如正文标签"法国"。然后如果他将第二个探头放置在正确的对应的接触点上,亦即欧洲地图中的法国图示,那么电子线路闭合,学习装置通过亮灯或者发出声音来确认正确的答案。

学习内容可以由任何主题组成,只要在问题和答案之间的联系是唯一的。存在有许多这样的电子板,并且特别适合于学生的地理学教育。

然而,由于不断的变化,边界、国名或统计事实等地理特征会快速地变得

适用于计算机领域从业人员的专利法实例

过时。

改进的学习工具的目标是提供一种在需要时可以作为更新的学习装置。

该问题是通过提供一种计算机控制台来解决的,该操控台至少包括一个用笔输入数据的触控式显示器,还可以包含几个命令按钮、有线与无线通信接口以及存储槽。

配套的存储卡包含软件和最新地图资料,以用于在计算机控制台上运行地理学电子学习测试。

作为替换存储卡,每年使用更新工具包是有效的。考虑到现实世界的变化,以这种方法,可以随着知识的更新将新的游戏和测试提供给学习者。

10.1.2 权利要求1

交互式电子地理学学习工具,包括:

(a) 一种用于手持式计算机控制台的教学原理,操控台由触控式显示器、存储卡槽、触笔、处理器以及包含软件和数据的存储卡组成;

(b) 教学原理和数据用于模拟地理学测试;

(c) 其中,测试由一系列问题和答案组成;

其特征在于:

(d) 每个问题是通过使用触笔点击多个可用的问题符号中的一个来激活;

(e) 每个答案是通过使用相同的触笔点击多个答案符号中的一个来给出;

(f) 一个正确或不正确的答案导致相应的图形或音频反馈信号;

(g) 当回答了全部的有效问题或在设定的时间间隔之后,该测试结束。

10.1.3 审查员观点

尽管已经给出了显著进步,对于权利要求的发明,最接近现有技术的学习工具不是说明书中所提及的具有可替换印刷面板的电子板,而是已经存在的由主要生产厂商分销的现有游戏或计算机控制台。

对于这个案例,假定地理学测试对这类控制台是无效的。因此,就此学习内容,权利要求的地理学学习工具是不同于最接近的现有技术的。

控制台在地理学测试期间进行工作的特别方式,即,使用触笔通过点击显示在触控式操控台显示器上的符号来回答问题,该方式从同样使用存储卡的这类操控台的其他学习模块可以得知。

由于说明书没有提及用于实施提出权利要求的地理学测试的任何阻碍,不得不假定控制台程序员将以与其他任何已存在的包含问题和答案的测试几乎一样的方式来实施地理学测试,因此,技术人员将在不需要任何创造性技能的情况下实施提出权利要求的学习工具。

读者可能怀疑是否确实向专利局提交了案例1中的专利申请,然而情况正是如此。需要注意的是,案例1的内容实际上是在 IPC G09B 7/00 中提交的专利申请的一部分,即使在计算机程序的行为与落入 EPC 的排除主题范围之内的其他主题相关时,一些专利系统还是能够预见对于该计算机程序授予专利权的可能性。任何技术特征一旦完全确定了其存在的必要,EPC 对该主题事项则具有一个相对等级的回应。例如在美国的系统中,法定主题的必要条件在考虑其之后的创造性影响中相对更加宽泛一些。

在其他专利系统中,对于现有游戏控制台的其他软件程序,权利要求1将很可能被认为是不具有创造性的。

如果申请人想在审查阶段将其权利要求修改为系统权利要求,该系统权利要求包括在权利要求1的(a)点中所提及的所有控制台元件,那么在实质审查阶段在 EPO 面前十分有规律地遵守策略是十分费力且没有希望的举动,其仍将被认为是不具有创造性的。

10.2 案例2:基于互联网的交互式学习系统

10.2.1 说明书

与相关触笔结合使用的交互式地球仪先前用于娱乐和教育目的。已知的地球仪由底座和制成彩色球体地图的上部组成。底座包括几个用于选择要玩的游戏和测试的按钮。存储模块存储有关于国家的资料。触笔允许用户去选择地球仪上的位置。传统的地球仪面临着在被制造的时候,地球仪中存储的一些知识已经过时的问题。

地球仪的另一个问题是,由于围绕整个地球仪的等分标尺所导致的兴趣区域的详图水平。小国家或者如城市和国立公园等其他兴趣区域不能以满意水平的详图进行探究。

提供能够更新的存储模块构成了上述案例提及的一个解决方案。虽然存储在地球仪中的数据可以时常更新,然而存储模块还是面临着数据过时的相同问题。通过更新存储模块中的数据来替换存储在地球仪中的数据比替换整个地球仪便宜,但是不能解决提供用于地球仪数据的最新数值问题,如人口、货币、世界各国领导人姓名等。

用于交互式地球仪的新的原理包括位于地球仪底座的接口,地球仪通过该接口可以连接到通用计算机(见图10.1)。为了允许地球仪经由通用计算机自动连接到远程服务器,提供有软件驱动程序。借助于经由计算机把交互式地球仪连接到互联网服务器,所有有关事实的最新数值可以被下载到交互式地球仪的存储模块。进入互联网服务器要求有地球仪提供的访问码。该码有效期一年。第一年之后,用户可以购买新一年的会员费。

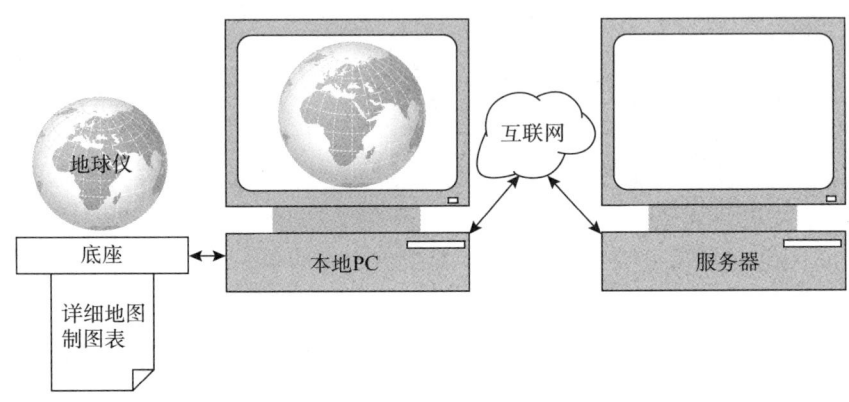

图 10.1　交互式地球仪

关于整个地球仪的等分标尺的第二个问题的解决办法,是通过提供详细地图而解决的。为了这个目的,地球仪的底座包括了一个可以被打开的隔间。必要时,所选择的平面详细地图可以放置在该隔间的平面制图表面上,并且和触笔连接来使用。可以在平面制图表面放置不同地理区域和不同比例的纸卡。读取纸卡中的 RFID 标签,以确定已经在制图表面上放置了那个卡片。交互式地理学学习工具因此允许用户在一个等分标尺下整体去探究地球仪,同时也可以在一个比例下选择感兴趣的区域,因此在地球仪的底座的交互式隔间的内部和上面装配有纸制地图。

10.2.2　权利要求 2

交互式地理学学习系统包括:
(a) 底座,具有:
(b) 多个按钮,用于选择玩游戏和测试;
(c) 接口,用于把该底座连接到通用计算机;
(d) 具有触控式表面的球面,以可旋转方式连接到底座;
(e) 触笔,经由电缆连接到底座,用于选择球面上的位置;
(f) 存储模块,用于存储该地球仪内容;
(g) 以及处理器,

其特征在于：

（h）该交互式地球仪可以连接到远程互联网服务器，用于用最新数值替换过时的地球仪内容；

（i）该底座包括可以被打开的隔间，隔间上可以放置可拆卸的详细地图。

10.2.3 审查员观点

该地理学学习工具在特征（h）和（i）上不同于传统的交互式地球仪。然而，那些特征没有相互作用而产生协同效应。因此，在一些专利系统中，权利要求2的特征可以被认为是一种集合，这些特征涉及无论如何都不关联的局部问题。

在这样的专利系统中，对于每个独立的问题及其相关特征和解决办法，都充分显示出了创造性的缺乏。

让我们考虑第一点，即"更新"。

"更新"在数字装置中的固件或者用户数据的原理是已知的。这种装置附带着CD上的驱动程序，用于将该装置通过通用计算机连接到远程服务器。一旦连接到服务器，就可以更新存储在该装置中的一部分数据。已知的案例是便携式导航装置，用户可以把该导航装置通过USB接口和本地计算机连接到远程服务器，以便更新导航装置的固件或者下载更新的地图数据。类似的技术上的基础结构和实施是很明显的，对于这种自我证据，审查员不可能去反驳。

在本案例中，在一方面的地球仪和另一方面的通用计算机或远程服务器之间的交互作用，没有超出下载数据和更新数字装置的原理。

在地球仪的隔间中提供详细的地图，超出了已知交互式地球仪和交互式面板的简单组合。交互式面板主要带有两个电子传导探头，而电子地球仪仅有一个不具有电传导末端的触笔。因此，该触笔和交互式面板一起使用需要一个技术解决方案。如果充分公开，这个交互作用可以是创造性的基础。为了证明异议成立，审查员将必须寻找更详细的资料和现有技术。

10.3 案例3：计算机辅助教学系统

10.3.1 说明书

传统的电子地球仪有不同的设计。一些焦点集中在政治信息的描述上，其他是图示的自然景观，如高山、沙漠、森林和草原。混合地球仪制造有照明显示，例如，当灯关闭后可以显示政治信息，当灯打开时可以同时显示政治信息和透明的自然景观。细节的级别是受限制的，这与电子地球仪上描述的信息类型无关。

传统电子地球仪的典型问题就是他们的高比例级别限制。即使在足球大小的地球仪上，美利坚合众国也仅仅是几个厘米宽。如果用户想要看所选择区域的更详细资料，他必须查阅地图册。这样指向和触摸某个感兴趣的区域也是困难的。由于触笔在交互式地球仪上的接触点的分辨率有限，因此游戏或者测试方式必须受限于相对大尺寸的面积。

本发明的目的是提供一种交互式地理学课程，其允许在保持实际地球仪存在和使用的教学优点的同时，可以对甚至是最小的地理区域进行研究。

地理学课程利用了案例2中提出的电子地球仪。教师可以利用地球的立体比例模型讲授基本概念。可以使用与地球仪关联的触笔来完成在覆盖大陆、海洋、村庄和城市的大的地理等级上的游戏和测试。

对于更详细的问题，教师切换到一台计算机实施的地球仪，该地球仪在连至互联网的通用计算机上进行显示（见图10.2）。例如，这样的一台计算机可以是紧挨着地球仪放置的便携式计算机。或者，教师也可以使用一台投影仪。由计算机地球仪显示的信息可以适合教师的需要或兴趣。其播放实时信息，例如气象数据、由在不同时间点选择的区域（示出在该区域中发生的变化）图像所组成的历史意象、所保存的来自类别偏移的轨迹以及所有这些在二维和三维层面上的显示选项。

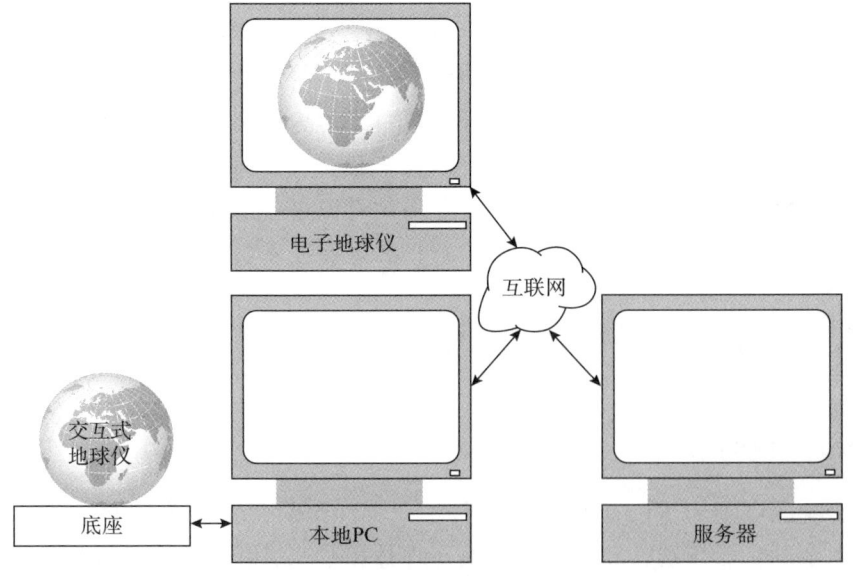

图10.2　计算机辅助的教学方法

10.3.2 权利要求 3

用于交互式地理学课程的计算机辅助教学方法,包括以下步骤:
(a)在大比例情况下使用交互式地球仪教授地理学;
(b)该交互式地球仪可连接至远程互联网服务器,用于用最新数据值替换过时的地球仪内容;

其特征在于:
(c)切换到计算机实现的地球仪,用于较小区域的详细浏览;
(d)经由计算机用户界面选择感兴趣的区域;
(e)在计算机上接收来自远程服务器的地图数据;
(f)生成感兴趣区域的三维视图;
(g)在计算机显示屏上显示产生的视图;
(h)在计算机显示屏的图形层上描绘实时数据;
(i)提供应用程序设计员接口(API),用于集成任何种类的其他基于WEB的教学材料。

10.3.3 审查员观点

在这一点上,读者可能认为是案例 2 中的传统地球仪和如今在互联网上可用的虚拟地球仪软件的组合,例如 Google Earth™。

两种教学工具实际上在现有技术中是已知的。在一种情况中,案例 2 的地球仪可以假定是已知的;在另一种情况中,交互式 3D 地球仪软件是非常受欢迎的,而且最迟在 2005 年已经开始普遍流行。

然而,权利要求 3 教导了在一个课程中两种学习工具的特定组合使用,但是还没有达到与新颖性和创造性密切相关的教学方法的发明创造。

两种工具的组合可能对学生产生认知学习效果。然而,互联网更新物理地球仪数据的可能性不提供与计算机实现的虚拟地球仪的任何交互。教师必须在两个地球仪之间建立起认知的桥梁,并且由此创造一个虚拟学习部件。

当在一些专利系统中,所要求的课程的精确结构和工具的预定使用可能足够实现专利保护时,在要求技术问题的解决方案的专利局中却会被认定为没有创造性。这是由于所要求的特征组合会被认为是已知部分的集合体。除非是通过整体内容公开的方式来有说服力地论证和证实具有惊人的或意想不到的技术效果,否则该异议将被用于拒绝授权的可成立理由。

10.4 案例4：交互式教育地球仪系统

10.4.1 说明书

最接近的现有技术是在案例2中描述的涉及交互式地球仪的计算机辅助地理学教学课程。

在交互式地球仪的底座中提供可拆卸的详细地图是已经知道的。代表不同地理区域和不同比例的纸卡可以放置在平面制图表面。读取纸卡中的RFID标签，以确定哪张卡已被放置在制图表面。虽然可以对多个纸卡提供多种信息和缩放级别，但是具有互联网连接的交互式地球仪还是受限于简单的图形表示。

此外，从玩具地球仪已经知道，地球仪具有组装在底座中的小的黑白LCD显示屏，用于显示灰度的正文或图像。

还知道的是，提供了由计算机实现的电子地球仪，其在计算机显示屏上反映出所感兴趣的区域的三维视图。这种软件允许用户去放大或访问街区水平的视图，以提供给实时图形覆盖信息的显示屏，并且允许该系统与其他基于学习软件的计算机连接。

这种基于软件的虚拟地球仪的缺点是缺少直观感知的接口，并且需要有通用计算机。

案例4的目的是提供一种具有触笔的电子地球仪，电子地球仪包括真实的三维球面，其允许用户使用触笔在附带的、中等大小的彩色显示屏（例如4.3英寸）上放大所感兴趣的区域。

因此，以电子地球仪（见图10.3）的形式提供了上述问题的解决方案，其结合了已知现有技术的虚拟和真实的教学地球仪的优点。

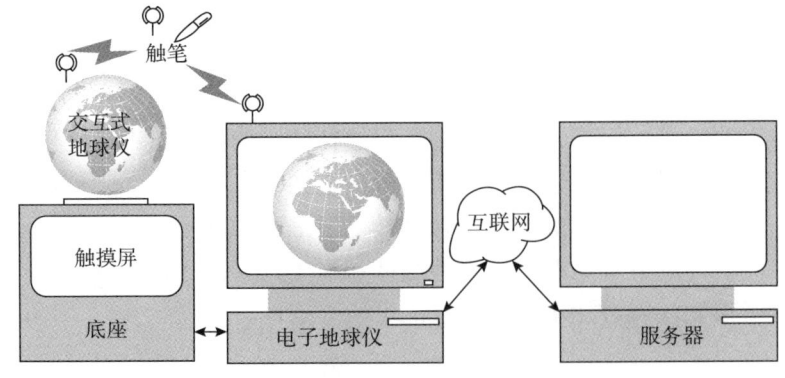

图10.3　交互式教学地球仪系统

有创造性的教学地球仪包括一个或多个无线通信接口。

该地球仪可以以独立方式或者连接方式使用。

该地球仪可以以单机模式或者连接模式使用。

➢ 单机模式

附加的触控式显示屏允许用户去访问和显示所选择的感兴趣区域的详细地图。当用户使用触笔在地球仪表面圈出非常感兴趣的区域时,例如非常美丽的欧洲国家卢森堡,触摸屏就显示出所选择的感兴趣区域的放大视图。虚拟按钮允许用户进一步放大或者叠加附加信息。城市地图也可以被装载。教学地球仪还可以提供有便携式导航装置的全部地图功能。此外,还可以通过触摸屏启动并玩游戏与测试。

➢ 连接方式

如果该教学地球仪与具有有效互联网连接的本地计算机连接,例如通过 USB 接头,其还可以从远程互联网服务器接收到关于感兴趣区域的最新信息,并将其显示在地球仪的触摸屏或者计算机的显示器上。例如实时气象数据和实时的当地相关新闻(在那里用户可以点击地球仪的区域,并且由此看到世界那部分的最新消息)。

在优选实施方案中,该教学地球仪包括局域无线接口,例如蓝牙® 或 WLAN(IEEE802.11),其使用户能够将该教学地球仪无线连接到本地计算机或者移动电话,以便下载实时数据、地图更新或者其他信息。

在另一个优选实施方案中,为了进一步同样地下载数据,该教学地球仪包括了广域无线通信接口(例如第三代[3G]移动通信技术,像 UMTS(通用移动通信系统))。

在又一个优选实施方案中,可以使用一个或多个手指或其他物体来代替触笔,以与触控式地球仪表面和/或触控式彩色显示屏进行交互。

该教学地球仪的模块化设计允许生产者去制造、包装和发售具有不同功能和扩展能力的地球仪,由此增加可能的市场占有率和未来的升级销售空间。

10.4.2 权利要求 4

交互式教学地球仪系统,包括:

(a)底座,包括扬声器和电源;

(b)具有触控式表面的球体,连接到底座,并可以自由地旋转;

(c)该底座还包括:

(c1)一个或多个接口,用于把地球仪连接到本地或者远程计算机;

(c2)存储器,用于存储最新信息或者详细的地图数据;

（c3）触控式显示器，配置为显示所感兴趣区域的详细地图或者虚拟的背景敏感按钮；

（c4）无线笔，用于在地球仪表面上或者在底座中的触控式显示器上选择所感兴趣的区域，并且用于计算机的远程控制，其中

（d）所述区域被显示在通用计算机的显示器和/或地球仪的底座中的触摸屏上，伴随其中的还有与某个感兴趣区域有关的各种附加信息。

10.4.3　审查员观点

现在，案例4的交互式教学地球仪相对于案例2中已知的地球仪，以及那些具有小型黑白LCD显示器的地球仪都具有明显新颖的特征。

通过这个案例可以认为，市场上还不存在所要求的计算机辅助交互式地球仪。

首先，其在地球仪外壳的底座中具有完整的微型计算机和彩色触摸屏。其次，案例2的地球仪具有可拆卸的纸制地图，而新的地球仪包括所有小型计算机和彩色触摸屏的标准特征。其允许执行多种程序，并且以任何缩放因子显示电子地图以及问题和答案、虚拟按钮和其他图形内容。再次，微型计算机已经被集成在地球仪外壳中。

最后但同样重要的是，该新的地球仪系统还支持新的交互形式，例如无线触笔、物理地球仪表面、地球仪外壳底座中的触摸屏和计算机上的电子地球仪之间的分别交互。

申请人还可以在从属权利要求中定义地球仪的其他特征。

现在，申请的命运将依赖于有关将微型计算机集成到地球仪外壳中以及触笔作为微型计算机的输入设备如何与物理地球仪表面进行交互的公开程度。

假定具有适当的公开程度，并且缺乏更进一步的相关现有技术，在要求技术问题解决方案的专利系统以及有其他创造性要求的专利系统中，这样的申请具有获得专利权的更好机会。

所要求地球仪的技术特征使在现有技术系统中不可能实现的交互式学习内容的创造成为可能。

10.5　特定主题——公开不充分

案例4的交互式地球仪可以由许多分离的搁板组件实现。案例4所要求的地球仪和案例2的地球仪之间的最大区别是微型计算机和彩色触摸屏的集成。

地球仪工程师因此被驱使去寻找所有具有所要求硬件特征以及数字地图集

的已存在的微型计算机。因此，可能的选择是便携式 GPS 装置。

因此，将微型计算机（便携式 GPS 装置）集成到地球仪中将要求硬件适配，包括地球仪电子线路和 GPS 装置的 USB 接口之间的连接；为了在 GPS 装置上实现新的程序，要求进行软件修改；为了允许新的数据输入形式，要求对 GPS 装置的固件进行修改，例如从触笔与地球仪表面的交互中接收地理坐标。

将 GPS 装置集成到地球仪外壳中将产生一些问题。虽然将便携式 GPS 连接到计算机是已知的，但是，因为是在离线仿真模式下运行便携式 GPS，当通过 USB 连接到一些迄今未知的电子线路时，如何控制仿真模式下的具有触笔的 GPS 装置并不是显而易见的。

因此，将便携式 GPS 装置集成到地球仪外壳中所需要的一个必要特征是 GPS 装置和地球仪外壳之间的硬件接口。

如果在本申请中没有说明这个集成，EPO 的专利审查员将提出公开不充分的反对意见，因为其要求技术人员付出超出日常的常规编程，去实现 GPS 与通过触笔在地球仪表面所接收到的输入的匹配，以及实现便携式 GPS 接收器所需要的所有新的特征。然而，如果在本申请中说明了这个集成，地球仪和/或便携式 GPS 装置的制造者就可以提供具有便携式 GPS 装置的交互式地球仪，该便携式 GPS 装置本身可以作为导航部件工作，也可以和地球仪外壳一起作为教育性的工具使用。

第 *11* 章
医学信息学

摘要

如果你想提交医学信息学领域的专利申请，你应当知道你将遇到两种类型的专利问题：计算机实现的发明的可专利性的固有问题，以及基于医疗系统或用途的可专利性的固有问题。本章的目的是给读者提供关于这类问题及其可能的相互作用的概述。这里通过四个不同的案例来体现，每个案例针对一个你可能遇到的特定问题。

➢ 医学信息学的定义

医学信息学位于信息科学和医疗保健的交叉点。其涉及可利用的资源、设备和方法，以优化有关健康的信息的获得、存储、检索和使用。

作为一个基本案例，让我们假定一种情形，即你相信你已经发明了一种计算机化的方法，用于在每天的工作和生活中帮助医务人员和病人。记录有关病人的数据，处理这些数据以及基于这些数据可能产生的一些输出或者活动。

➢ 用于医学信息学的知识产权保护

这个特殊领域的专利申请，必须考虑的不仅是一般性的由计算机实现的发明创造的专利性要素，而且也要考虑在大多数专利系统中存在的关于诊断、治疗或者外科手术等医疗护理方面的限制。在几乎所有的国家，对于治疗学的外科手术或治疗方法授予专利保护都存在相当大的障碍，这是由于太接近于有资质的医务人员的职责的合理保护区。

给予支持诊断方法的发明密切相关的发明授予专利权的障碍并未被很严格的保护起来，但是它们没有被以与不敏感领域相关的任何方法同样的方式对待。

必须注意的是，一些国家遵循不同的路径。在这些国家，获得医学领域的专利相对于其他领域来说并不是太困难，但是法律限定了依靠第三方来对医学专利实施。

在提交一件涉及在医学环境中使用计算机系统的专利申请时，希望从计算机的角度检查，你是否满足了在本书其他部分中已经解释的标准。如果满足了，那么无论如何继续检查你是否满足了有关医学专利申请的标准。

如果没有其他的理由，你应该这样去做，即使你获得了医学信息学发明创造的专利，一些国家也已经对这样的专利的使用进行了限制。由于这是一个受关注的快速发展的领域，为了得到最新信息而去接触专业律师是可取的。在一个国家提交专利申请之前，要确保你的代理人不但检查和确认了与申请有关的可专利性标准（其中一些将在之后进行解释），而且也检查和确认了在这个国家的这个领域中对你申请保护的专利权的可能限制。最后，你应该检查最初提交的申请中具有足够多的"肉"，以允许其或部分在你可能感兴趣的任何其他地理区域中得以保留。

与医学领域中的计算机结合相关的专利申请通常在国际专利分类（IPC）中被分在大类 G06F 19/00（特别适合于专门应用的数字计算机、数据处理设备或方法）中。值得考虑的是，这个大类是通用的，例如，有关于生物信息学的申请也将被分类在相同的标题下。

11.1 案例1：基于计算机实现的用于管理医学治疗的方法

11.1.1 说明书

一些遭受特定疾病的人必须遵从非常重的治疗方式，即在一天各种不同的时间服用不同类型不同剂量的药物。这样的治疗方式很难被理解，也很难被保持，尤其是对老人或者遭受记忆破坏的人。

本发明的创新性思路存在于计算机的使用，以帮助他们遵从于对他们的精确性治疗。这是由程序来实现的，其包括药物名称、服用剂量以及病人应当摄取或其他与摄取药物有关的时间等参数。

包括这个程序的计算机随后将在病人必须服药的时候、通过弹出窗口发送带有这种效果的消息来告知病人，弹出窗口上显示适当的消息以对病人进行提示（见图11.1）。

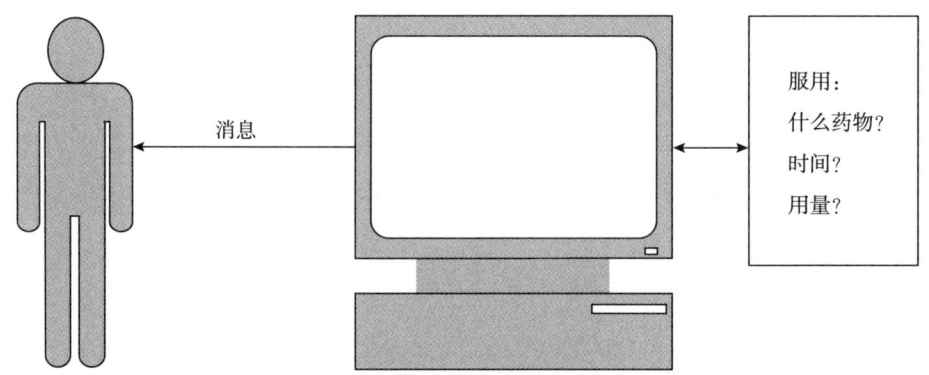

图 11.1　用于帮助病人的计算机实现的方法

11.1.2　权利要求 1

一种用于帮助病人进行药物服用管理的计算机实现的方法，其特征在于：
(a) 计算机，用于提供所有必要信息，例如：
(i) 药物名称；
(ii) 服用剂量；
(iii) 必须服用药物的时间；
(b) 计算机给病人发送消息，以通知其什么时候必须服用特定药物。

11.1.3　审查员观点

从专利审查员的观点，这个权利要求表面上仅仅涉及一种医疗用途。事实上，其实际涉及的是药物管理。这种权利要求的可专利性将或多或少地完全依赖于履职专利局对有关管理办法授予专利权的惯例。因此，在定义的水平上，读者应当更多地参考本书的相关章节（见第 3 章"管理方法"）。

因为没有进行解释，本申请的医学部分不是相当简单。对于申请人正试图通过权利要求中的实际定义来证明其改进之处的病人情况的医学分析，甚至不涉及任何有意义的方法。

因此，你将必须克服的唯一异议与计算机特性有关。在本案例中，为了减少对"将来荒唐的案例"范围的专利授权的预期，信息学的定义等级小到了令人吃惊的程度。对于仅仅是技术上听起来规范的药物名称列表、规定用量或通知病人的方式，根据推理也都不是有用的。这些仅仅是特定方式中的用于计算机操作的没有任何技术影响的标签和数据集的表头。

11.2 案例2：计算机实现的医学初诊

11.2.1 说明书

在一些国家，看医生是困难的。有时候，在会见有法定资格的医学顾问或者直到他们可以接待你之前，你必须等待几个小时或者几天。这可能是由于地理位置太远，由于投资不足或公共服务缺乏造成的超长的等待名单或者简陋的服务提供。在这种情况下，如果人们不能真正肯定其需要一位医生时，就会犹豫是否应该请一位，这当然会带来固有的风险，等到需要变得很明显时，可能就太晚了。

因此，本申请的目的是定义一种系统，其允许病人自己对其健康状态进行医疗初诊检查，以允许其作出是否必须联系医生的明智决定。病人将与其健康有关的数据，例如温度、疼痛、疼痛类型、持续时间等，输入计算机信息系统。按照病人输入的信息，程序能够进行初诊。根据这个初诊，病人可以决定是否需要有医生的存在，并且可能依据由计算机给出的结果开始一个药物疗程（见图11.2）。

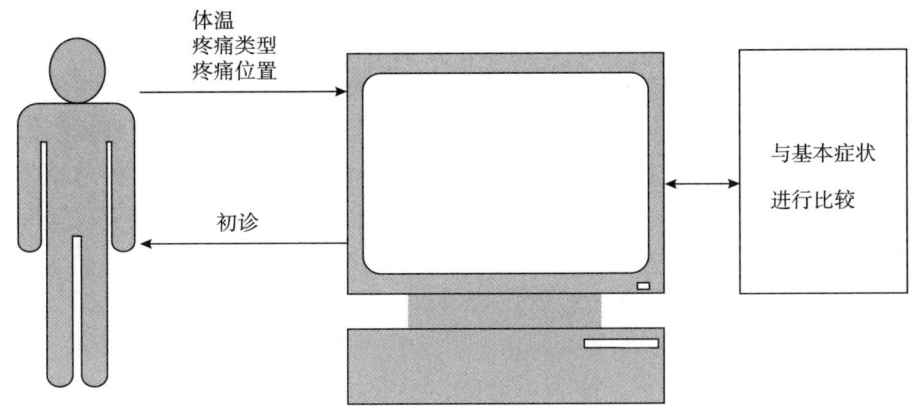

图 11.2　用于定义医学初诊的计算机实现的方法

11.2.2 权利要求2

一种用于定义医学初诊的计算机实现的方法，其特征在于：

（a）病人将在计算机中输入个人的医学数据，例如体温和/或疼痛的类型与位置；

（b）将病人输入的数据和存储在计算机中的普通疾病的基本症状进行比较；

（c）计算机系统基于该比较作出医学初诊，并且传递给病人。

11.2.3 审查员观点

在这个案例中，专利审查员将再次面临更多的关于在计算机实现的管理思想领域的专利申请的可专利性和创造性的问题。然而这次，其还可能认为申请缺乏充分公开，这是由于所要求的在疾病症状和由病人输入的数据之间进行比较的方式没有进行深入的定义。除此以外，其现在还将面对将该专利申请作为疾病诊断方法进行处理的问题。依据审查员所在专利局的惯例，其审查可以遵循（至少）三个不同的路径。

➢ 路径1

如果技术公开的等级不是所考虑的重要标准，并且疾病诊断方法授予专利权不成问题，那么，审查员的审查将纯粹依靠其可以获得的最接近的现有技术进行创造性的判断。

➢ 路径2

如果技术公开的等级不是重要的标准，但是授予疾病诊断方法专利权是非常受限制甚至是被禁止的，那么，依赖于审查员可能得到的现有技术，其将基于所要求的疾病诊断方法已存在的事实来提出反对意见。作为申请人，为了克服该反对意见，你可以试图删除权利要求的特征（c），以使得该方法停止在比较步骤之后，并且不包括对初诊的传输。通过这样做，你将克服根据疾病诊断步骤的异议，从而你的权利要求就限定在特征（a）和特征（b），这就不再有意义。你或许将面临清楚的异议，并且可能（由于首次在欧洲提交申请）被禁止提交任何的这种修改。

➢ 路径3

如果技术公开的等级是重要标准，并且授予疾病诊断专利权是非常受限制的甚至是被禁止的，那么，并非不可能，要获得你所要求的专利是非常困难的。这是欧洲的情况。

审查员可以依据基于所述的计算机特性的定义等级的创造性缺乏提出反对意见，例如，这只不过是一台用于非技术目的的普通计算机，而且以普通方式进行操作（见第2章"商业方法"）。

审查员还可能依据医学诊断步骤缺乏可专利性来提出反对意见（见上述的路径2）。那种情况下，在具有法律上可授权要求存在的国家，提交这种专利申请可能不是一个很好的思路。充其量是浪费金钱，更糟糕的则可能是花钱买罪受。甚至于你设法说服了专利审查员，你的发明创造克服了对于计算机实现的发明授予专利权的基本异议，并且其不是医疗诊断方法本身，而仅仅是支持这样一种方法，那么，你将不得不依据现有技术文件来克服新颖性和创造性缺陷，这在操作程序中将是十分有用的。

11.3 案例3：支持医学诊断的计算机化的方法

11.3.1 说明书

如今，先进的医疗辅助设备，如计算机辅助断层扫描或磁共振成像（MRI），相对于以前的有效方式，给医生提供了更多的关于其病人健康状态的信息。

在数据绝对量如此巨大的所有领域内，信息量和这样的高分辨率非常重要，以至于医生可能难于以有益于他们病人的方式处理大量的信息。

基于形成本申请基础的研究目的是，实现以有利的方式管理这些信息的目标，集中所有这些数据源，以通过在将他们提交给医生之前进行分类来解决庞大的数据量的问题。

这是通过开发一个计算机系统来实现的，该系统能够比较由不同的用于分析病人的机器递交的所有信息，基于这个比较，向医生提供按照其确定的重要性排序的不同结果（见图11.3）。

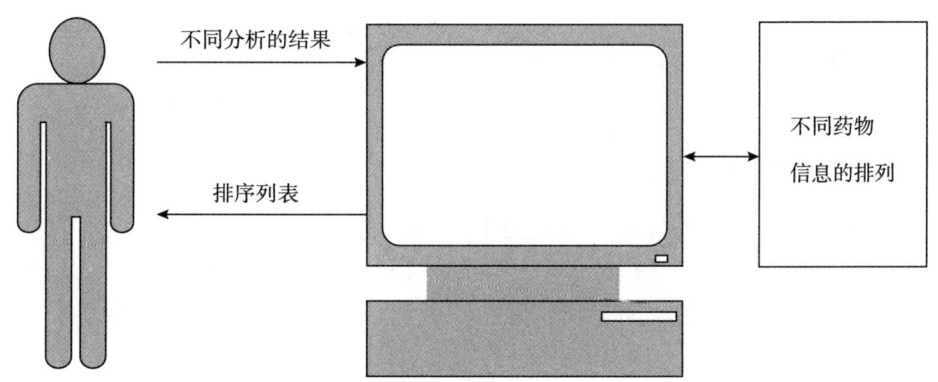

图11.3 用于支持医学医生的计算机化方法

11.3.2 权利要求3

一种在确定病人健康状况的工作中给予医生支持的计算机化的方法，其特征在于：

(a) 将病人所有不同的医学分析结果都存储在计算机中；

(b) 计算机处理通过步骤 (a) 存储的医疗信息结果，并且为了判断病人的健康状况，依据数据的相关性，对各种分析的不同结果进行排序；

(c) 将由计算机生成的最终排序列表提供给医生。

11.3.3 审查员观点

由于计算机没有进行诊断或者初诊，那么关注其他可能发生的与医疗诊断授予专利权相关的内容是没有问题的。而后，步骤 (c) 被赋予了不同的措词，这将成为更大的问题；我们说：(c) 计算机生成可能的疾病列表，并且将其提供给医生。

对于这种措词，作为申请人，在同样的情况下，你将像案例 2 中那样描述，而不是案例 1 中那样。对于实际的措词，计算机只是分类整理医学信息，以便将其以更容易的形式呈现给医生。因此，你与专利审查员将面临的问题与你的发明创造的计算机和管理方面更加有关。

还要注意的是，你真正的发明是一种用于对由不同医疗设备给出的不同格式数据的兼容的呈现方法，呈现以在多个结果之间进行可能的直接比较的方式进行。然后，你将拥有一项本身具有可专利性的技术发明，但遗憾的是对它进行了过度地限定。相反，你应当完全专心于清楚的技术处理过程，并且把时间和精力花在研究这个范围内的创造性的可能性。

11.4 案例 4：计算机控制的外科手术

11.4.1 说明书

如今，越来越多的外科手术借助于激光来进行。激光能够以高级别的精确度来切割皮肤，并且用于消除非常受限的组织区域，例如皮肤癌病例。在这种环境下，对于病人来说，将其所消除组织的数量减少至最低安全量始终是比较好的。

当人类医生进行手术时，他始终试图"追求保险"，并且消除掉相对于必要数量来说更多的组织，以便最小化由于留下的坏的细胞导致的后期恶化的风险。即使在已经预先确定了"安全"消除区域的情况下，这也是可能发生的。

为了解决这个问题，申请人已经开发了一种用于给病人做手术的计算机化的方法。

计算机用这种方式自动控制在手术中使用的激光器,从而使烧掉的必需组织数量最小化。传感器,由有资质的医生放置在皮肤上,用以精确定义要消除掉的皮肤表面的周界。随后,电脑控制的激光器精确地按照由传感器定义的表面周界,根据确定好的"安全"级别,不多不少地进行消除。医生还可以输入所要消除的组织的深度。在配合指示的计算机控制下,由这种激光器方式完成手术的精确度已经被认为是相当的可靠,而且就结果的精确性而言,要好于由人类医生所完成的相同手术(见图11.4)。

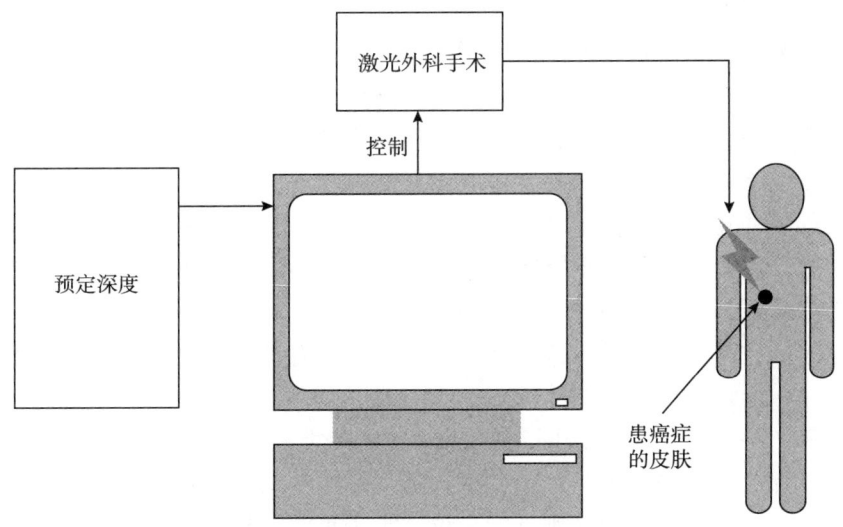

图11.4 用于消除患癌症皮肤组织的外科手术的方法

11.4.2 权利要求4

一种用于消除患癌症的皮肤组织的外科手术方法,其特征在于:
(a) 提供一种计算机控制的激光器;
(b) 计算机控制的激光器切割射线遵循由传感器定义的周界,该传感器由医生放置在病人皮肤上;
(c) 该操作的深度由医生预先设定好;
(d) 计算机控制的激光器切割和汽化处于由传感器定义的周界内的组织,直到达到预先定义的操作深度。

11.4.3 审查员观点

这种情况下,由于在此过程中使用的数据具有技术本质,该发明创造的计算机部分是没有问题的。即使其本身存在其他问题，医疗数据内在仍具备技术特征。这可以在与金融或商业数据进行对比时看到，在欧洲，金融或商业数据通常被认为是认知本性，而不符合"技术特征"的状态。

公开似乎也是充分的，因此至少在参考说明书时，似乎是满足了必要条件。需要做的是，传感器的类型必须指定，也许还要改进在计算机、激光器和传感器之间的连接。总之，在申请中，技术结构必须整体定义，这样本申请在这方面才会很好。

问题将出现在外科手术方面。

大多数具有功能性专利系统的国家是非常不情愿，甚至是禁止对外科手术方法授予专利权。作为申请人，试图得到外科手术方法的专利权往往是问题的根源，因为该保护机制与社会的基本权利和义务相冲突。因此，你将必须克服的问题正如本章案例2的路径2中所定义的那样。

必须要注意的是，由于"激光器要切割什么以及涉及哪些人？"的陈述的公开，整个问题在这种情况下被赋予了重要性。给由计算机控制的激光器切割一些未限定材料的方法授予专利权的决定将仅仅依赖于审查员可用的最接近的现有技术。这是因为这种方法将始终被认为是具有技术内容、并且解决了技术问题。

然而，一旦指定了"未限定的材料"是人类皮肤，或者是人体的任何其他部分，那么审查员可能将依据其必须遵从的专利法，以拒绝给外科手术方法授予专利权为基础，提出原则性的异议。为了克服该异议而排除这种主题，自然会与关于不能超出原始申请范围对申请进行补充的欧洲制度相冲突（由于之前，只有皮肤是被排除的，而修改后的措辞将覆盖任何物质）。

11.5 结　论

在本节中，我们已经看到，在一些技术领域中，你可能有一些集中于法律不同部分之下的问题，并且可能同时或先后与这些法律条款产生冲突，而实际上更有可能的是从一个问题转化到另一个问题。当试图克服可能的异议时，专利审查员将不得不根据其所在区域现行专利法而有所提高。

再者，如果你想要在一些"敏感"领域获得专利权保护，例如那些与医药、生物技术、纳米技术等相关的领域，那么就去联系一个在特定领域从事专门研究的专利方面的专家。

这提醒了人们，一些国家可以允许医学领域的专利，但在法律上却限制第三方对于这样的医学专利的实施。

第 12 章
数学方法

摘要

在本章中，我们将推理性地阐述为什么数学方法不应当取得专利权，即使是由计算机实现的。这个理由类似于发现或者新的科学理论，虽然其特征和论证在各国专利法中可能不相同。然而，为了解决技术领域的技术问题，已经开发并且是作为用于改进技术系统的方法来要求保护的数学方法，在一些情况下可能满足可专利性的所有要求。本章有两个案例。不过，焦点将集中在专利申请的初期草案的重要性上。

> 数学方法的知识产权保护

实际上，我们预先考虑的所有专利法，都排除科学发现、新的科学理论和数学方法的专利性。那么可以想象，从逻辑上，讨论随后就结束了，一个数学方法获得专利权是根本不可能的。

但是，生活是如此简单。

如果你开发的新的数学方法对应于特定的技术需要、或者是属于用于改进特定的技术系统的处理过程的一部分，那么你的数学方法将可能被认为是工艺处理的一部分，因此专利的授权将仅仅依赖于审查员所获得的现有技术。

有关数学方法的、在计算机中实现的专利申请，通常被分类在国际专利分类（IPC）的大组 G06F 17/10 中，其主题是"复杂的数学操作"。

应该注意到，当关于数学方法的专利申请与特殊用途有关，那么其通常被分类在这种特殊用途的 IPC 大类中，例如所开发的用于改进芯片中数据的加密的数学方法，其将被分类在与该范围有关的、称为 G07F 7/10 的大组中。

适用于计算机领域从业人员的专利法实例

12.1 案例1：用于定义图表点的数学方法

12.1.1 说明书

数学函数F（t）依赖于多个随时间变化的变量x（t）、y（t）、…、z（t），因此有F（t）= F（x（t），y（t），…，z（t））。不同的变量x（t）、y（t）、…、z（t）是相互关联的。通过曲线图表现函数F（t）可能是非常困难与耗时的。我们已经开发了一个新的数学方法，以便快速地确定这个曲线图的相关点，随后能够更加快速地、以最低的精确度损失来绘制曲线。由于其复杂性，这个方法不能用手工实现，而是需要在计算机中实现。相关点的数量及其值可以由以下数学步骤来估算：

step（a）…
step（b）…
⋮
step（n）…

12.1.2 权利要求1

一种用于定义函数F（x（t），y（t），…，z（t））曲线图的方法，该函数包括不同的随时间变化的相关变量x（t）、y（t）、…、z（t），其中相关点的数量及其值是由计算机进行计算的，以为了减少计算时间并保持预定级别的精确度损失，该计算应用以下数学步骤：

step（a）…
step（b）…
⋮
step（n）…

12.1.3 审查员观点

即使这个数学方法是复杂的，并且必须由计算机实现，其仍然是纯粹的数学方法，因此是先天性地被我们所考虑的所有专利法排除可专利性的。如果使用EPO的语言，我们将会说，由于所要求保护的是这样一种数学方法，因此即使其是由计算机实现的，也会被排除可专利性。

对于申请人来说，提出抗辩以获得成功机会的唯一可能性，是论述对于绘制一个表现函数F的合理的曲线图的时间收益将意味着更少的CPU时间和计算机的最优化使用。

在EPO，这个论证将可能不被接受（即只是美好的尝试，没有结果），因为你实际上根本没有最佳化CPU时间。由于你不是计算相同数量的点，你就没有最佳化你的CPU的使用，而只是为了不同的（即便是类似的）结果，按照不同的公式，做了一些不同的计算。

最后这点确实非常重要，因为作为专利审查员，其是对我们按部就班的处理提出的争议："用我的新的计算机实现的商业、管理或模拟方法，我需要较少的CPU时间，因此我解决了最佳化我的计算机系统资源的技术问题。"

对于计算机系统资源最优化的这个论据，通常只有在当计算机以相同操作方式在更加有效的方式中执行时，才会被审查员所接受，并且会要求原始申请文件充分公开。

例如，如果你发现了用于当执行相同操作时在不同CPU之间更好地分配负载的（数学的）方法，并且可以证明你解决了最佳化计算机资源的问题；那么你可能只是刚刚具备了进入可专利性范围的机会。

12.2 案例2：用于处理视频信号的数学方法

12.2.1 说明书

视频信号可以被看做是数学函数$F(t)$，其取决于多个随时间变化的变量$x(t)$、$y(t)$、…、$z(t)$，因此有$F(t) = F(x(t), y(t), …, z(t))$。不同的变量$x(t)$、$y(t)$、…、$z(t)$是相互关联的。将这个函数转换为你屏幕上的图像可能是非常困难和耗时的。我们已经开发了一种新的数学方法，以便快速确定我们希望投影在屏幕上的图像的相关点，以使处理过程能快一些，同时以最小的精确度损失予以执行。这个方法可以由具有相对低的CPU功率的家用计算机实现，借此在计算机屏幕上可以看到影像。所要显示的图像的相关点的数量及其值可以由以下数学步骤来估算：

step (a) …
step (b) …
⋮
step (n) …

12.2.2 权利要求2

一种用于处理要在计算机屏幕上可视化的视频信号的方法，该视频信号以数学函数 F（x（t）、y（t）、…、z（t））的形式存在，函数包括不同的随时间变化的相关变量 x（t）、y（t）、…、z（t），其中要可视化的图像的相关点的数量及其值是由计算机 CPU 进行计算的，以为了减少计算时间并且保持预定级别的精确度损失，该计算应用以下数学步骤：

step（a）…

step（b）…

⋮

step（n）…

12.2.3 审查员观点

即使所建议的数学方法可能是与案例 1 相同的，但你已经将你的发明创造限制在特定的技术环境中了，即视频信号的处理。你的发明创造将被认为是压缩信号或提取重要信息的一种方式，而不再仅仅等同于抽象的数学思想。在这一点上，如果有效的现有技术不是相关的，那么你就有了一个获得专利的好机会。然而应当注意的是，那些很可能随后出现的现有技术或许将是以一些类似方式处理视频信号的不同的数学方法。那时审查员将必须比较两个不同的数学方法，以便确定显而易见性或者创造性。因此，一个好的建议是，最好尽快地将你在本申请中的新的数学方法所推导出的技术优势（例如，与现有技术的任何系统相比较，根据相同的 CPU 时间所获得较好的图像清晰度）通知给审查员，以使其生活得更轻松一些（实际上笔者并不在意）。

那么，你可能有机会获得授权的这个权利要求在这个案例中将必须拟定得更加详细。你将必须定义变量 x（t）、y（t）或者 z（t）的实际表现，如水平线上的颜色或像素等。

所属领域的技术人员必须对如何申请你的发明创造进行深入了解，因此必须知道变量表示的是什么含义。然而，如果他没有原始申请中充分完整的全部信息，则他必须搞清楚变量 x（t）、y（t）或者 z（t）是什么。随后，你可能面对缺乏充分公开的异议。这样的异议是不容易被克服的，并且你的申请将可能被驳回。

12.3 结　　论

如果你已经开发了一种作为抽象实体的新的数学方法，其没有导致任何具体的实施方式，那么你的发明创造将被看做是新的科学理论或者发现，你将没有机会获得专利。如果这确实是你唯一的目的，那么提交一件专利申请将是公开你的发明创造的非常昂贵的方式。

但是，如果为了解决技术环境中的技术问题，你必须开发出一种新的数学方法，那么你可以以技术实现完整公开的方式来撰写你的申请。如果你遵循这条路径，那么你只能面对现有技术和审查员可能提出的其他异议的严酷考验。

第三部分

第 13 章　判例法

第 14 章　结论和下一步设想

第13章
判 例 法

摘要

  法院或上诉程序中的判决在不同的法律体系中具有不同级别的重要性。在一些法律体系中，来自某个审级法院的判决对较低审级具有或多或少的约束力，并且只能通过一个更高的审级在不同方向上发布的判决才能真正推翻。当然，当那种情况发生时，你可以结束之后成为问题的状态，即使它确实在短期内提供了解决方案，你也永远不会知道接下来即将到来的是什么。在这里，我们仅仅列出可能已经或没有在这本书中提及的一些判决。由于它们是公众记录事项，所以有少量重复内容，并且概要之外的任何事情都可能误导读者。相反，我们会鼓励您去查阅该判决，并充分理解它们。最好是记住那种具有一些历史的申请引起的判决。如果可以的话，查阅一下分派之前转向委员会或者法院的原始判决。

  在 EPC 中，有不同级别和类型的上诉委员会，他们发出的判决根据判决参考编号的首字母来标记。来自 EPO 上诉委员会涉及当前主题的最普遍的一种判决类型是"T"判决，这表示"Technische Beschwerdekammer"，即上诉技术委员会（使用德语立刻会变得更清晰）。此类委员会由具有法律和技术资格的成员组成。他们对来自审查程序（这只涉及一个申请人）和异议程序（其中所有者和/或反对者可能觉得上诉理由存在）的上诉案件作出决定。基于他们经手的案件，"T"判决对其指导下的上诉程序具有约束力。针对具有类似内容的案件，他们可能被审查员或者甚至是其他的上诉委员会视为一个指导，但是对那种上诉程序没有绝对的约束力。

  "T"判决（在其他类型当中，例如"J"判决－"juristische"，上诉法律委员会，由法律成员组成，以便考虑没有技术内容的程序要点）和"G"判决

（"Grosse Beschwerdekammer"，扩大上诉委员会，将在下面详述。然而，至少使用德语的理由现在应该清晰了）偶尔通过 EPO（欧洲专利局）作为"EPO 判例法"书籍发行的汇编中给予概括。当编辑 EPO 审查指南时，它们也作为原始来源予以考虑。当判例法特定的"作用力"建立起来时，它正逐步融入到 EPO 的工作实践标准中，以使工作实践稳步发展并相适应。这背后的想法是很直接的，允许变化，但避免系统冲击和陷入僵局。委员会面前的案件，对申请上诉年份而非判决年份提供参考。

"G"判决不是每天都发生。该扩大委员会只针对具体问题开会，并只能以有限的几种方式来召集。带有"G"的判决具有相当大的分量；它们直接参考 EPC 的条款，并且当明确适用时，对 EPO 所有部分包括另外对作出判决享有独立性的上诉委员会，都具有约束力。

一个参照只有在若干年后才有望产生结果，G3/08 对于扩大委员会作为一个关于计算机实现的发明和软件的可专利性的参照，尤其如此。

如果你想深化你的知识，那么下列判例法判决的非详尽清单则意欲向你提供更进一步的信息。但是必须注意的是，前面章节的案例除了没有直接来自这些判决外，可能已被判决所启发。如果可获得的话，判例法的判决将与他们的批注或标语一起被提供。

13.1 第1章：序言，一般判例法

13.1.1 T208/84

vicom. 二维像素阵列形式的数字处理图像，例如，平滑化或锐化图像。

批注：

Ⅰ. 即使发明下潜在的构思可能被认为存在一个数学方法，旨在一个使用该方法的工艺流程的权利要求，不会寻求保护数学方法本身。

Ⅱ. 根据新程序建立操作的已知类型的计算机不能被认为是 EPC 条约的第 54（2）条定义的现有技术状况的组成部分。

Ⅲ. 旨在工艺流程的权利要求，不能被认为涉及计算机程序本身，所述流程是在程序（无论借助于硬件或软件）控制下执行的。

Ⅳ. 可以被认为是旨在一个为了控制或执行一个工艺流程而根据特定程序（不论借助于硬件或软件）建立操作的计算机的权利要求，不能被视为涉及计算机程序本身。

13.1.2 T26/86

Koch &Sterzel. 防止过载而获得最佳曝光的 X 射线管的计算机控制。

批注：

1. EPC 不禁止由技术和非技术性特征混合组成的发明获得专利权。

2. 在决定一项权利要求是否涉及计算机程序本身的过程中，没有必要给予其技术和非技术性特征以相对的权重。如果该发明在权利要求中限定了使用技术手段，假如它满足 EPC 第 52～57 条的要求，那么它就可以被授予专利权。

13.1.3 T935/97

IBM，计算机产品

关键词：

计算机程序产品可专利性的排除（不是在所有情况下）

13.1.4 T1173/97

IBM，计算机产品Ⅱ

如果一个计算机程序产品根据 EPC 第 52（2）条和第 52（3）条没有被排除在可专利性之外，那么当它运行在计算机上时，它产生了进一步的技术效果，即超越了程序（软件）和计算机（硬件）之间的"正常"物理交互作用。

13.1.5 T163/85

BBC. 应对权利要求的新类型——通过空间传播的信号。

一种彩色电视信号，其特征在于发生于系统中的技术特征，即，在系统中，其正在产生和/或被接收，其没有落在 EPC 第 52（2）（d）条和第 52（3）条排除的范围之内，并被认为是 EPC 第 52（1）条意义上的发明。

13.1.6 T0769/92

Sohei，管理系统。一种用于金融和库存管理的用户界面。

批注：

1. 如果为了实现相同的发明，涉及本发明要解决的问题的方案细节的技术考量是必需的，那么一项包括由软件（计算机程序）实现的功能性特征的发明并不能根据 EPC 第 52（2）（c）条和第 52（3）条的规定排除在可专利性之外。这种技术考量赋予了发明技术本质，其中暗示通过（隐含的）技术特征解决了技术问题。这种发明不属于根据 EPC 第 52（3）条规定的计算机程序本身。

2. 不排除可专利性不能被其本身排除在可专利性之外的附加特征所破坏，因为在目前的情况下，涉及管理系统和方法的特征可能会落入根据 EPC 第 52（2）（c）条和第 52（3）条规定的被排除在可专利性之外的"商业方法"内（随后根据混合特征建立的判例法，其中一些特征根据 EPC 第 52（2）条和第 52（3）条被排除，一些则不是那样被排除，而是可以被授予专利权［相反，对于最近的涉及 EPC 第 52（4）条所排除发明的判例法，参见 T820/92，OJ EPO 1995，113，按照根据 EPC 第 52（4）条排除的一个特征，就排除在可专利性之外可以满足所有权利要求］）。

13.1.7　T641/00

Comvik，两个身份。移动电话被修改成具有两个 ID，以使得两个号码之间可以分别进行操作和计费。

批注：

Ⅰ．由技术和非技术特征混合组成、并作为一个整体具有技术特征的发明，是评价关于创造性的必要条件，通过考虑对所述技术特征作出贡献的所有特征，而没有作出这样贡献的特征是不能支持具有创造性的。

Ⅱ．虽然要解决的技术问题不应该被表述为包含对解决方案的指向或者对其的部分预期，只是因为权利要求中出现的一些特征不会自动将其从问题构建的表象中排除。特别是，在权利要求提出一项在非技术领域里要实现的目的，此目的可以合法地出现在问题表述中，作为将要被解决的技术问题框架的一部分，特别是作为必须满足的一个限制条件。

13.1.8　UK 法院判决：Astron Clinica 等，英格兰和威尔士高院［2008］EWHC 85（Pat）

EPO 上诉委员会判例法和英国判例法的概括考虑。

13.1.9　UK 法院判决：Autonomy 有限公司，英格兰和威尔士高院［2008］EWHC 146（Pat）

分析文本并自动地执行查询，嵌入图标并在该图标被激活时显示生成的链接。UK 和 EPO 判例法的分析。

13.1.10　US 法院判决：KSR v. Teleflex，550 US 398（2007）

涉及使用显而易见的异议。

13.2　第 2 章：商业方法

13.2.1　US 法院判决：道富银行 & 信托有限公司 v. 签名金融集团，149 F.3d 1368（Fed. Cir. Jul. 23, 1998）

13.2.2　US 法院判决：Bilski 案，545 F.3s 943，88 USPO 1385（Fed. Cir. 2008）

涉及法定主题的审查。

13.2.3　UK 法院判决：shopalotto.com，英格兰和威尔士高院的判决［2005］EWHC 2416（Pat）

13.2.4　T931/95

退休福利。养老金计划的管理。

批注：

1. 具有技术特征是一项发明满足 EPC 的一个隐含要求，以便符合 EPC 第 52（1）条所指的发明。（根据判决 T1173/97 和 T935/97）

2. 涉及经济概念和商业实践的方法不是 EPC 第 52（1）条所指的发明。涉及为一个纯粹的非技术目的和/或为处理纯粹的非技术信息而利用技术手段的方法特征，不一定带给这种方法以技术特征。

3. 构成一个物理实体或具体产品的设备，适于执行或支持经济活动，属于 EPC 第 52（1）条意义上所指的发明。

4. 当审查有关发明是否可以被考虑是 EPC 第 52（1）条意义所指的发明时，EPC 中没有依据，用于在发明"新的特征"和根据现有技术所了解的该发明的特征之间进行区分。因此，EPC 中没有用于为此目的申请这种所谓的贡献方法的依据。（按照判决 T1173/97 和 T935/97）

13.2.5 T258/03

Hitachi. 用于竞争状态解决网络拍卖。

批注：

Ⅰ. 一个涉及技术手段的方法是 EPC 第 52（1）条所指的发明（不同于判决 T931/95——控制养老金福利系统/PBS 合作关系）（理由参见要点第 4.1 - 4.4）。

Ⅱ. 方法步骤包括修改商业计划，并旨在绕过一个技术问题，而不是通过技术手段解决问题，这不能对要求保护的主题的技术特征作出贡献（理由参见要点第 5.7）。

13.2.6 T959/03

EdPool，具有成本计算和电子标题/发票的国际购物系统。

13.3 第 3 章：管理方法

13.3.1 UK 法院判决：Aerotel/Macrossan，英格兰和威尔士上诉法院的判决 [2006]，ECWA Civ 1371

执行管理任务的装置。法院质疑 EPO 上诉委员会的记录。

13.3.2 T154/04

DunsLicensing Assoc. 评价销售行为。

批注：

Ⅰ. 根据 EPC 第 52（2）（c）条和第 52（3）条，商业研究方法"同样地"从可专利性中被排除。

Ⅱ. 如果收集和评估数据这样的步骤没有对一个技术问题的技术解决方案作出贡献，那么其作为商业研究方法的一部分，则没有向该商业研究方法传递技术特征。

13.3.3 T172/03

Ricoh. 订单管理系统。

关键词：

1. 按照法语和德语文本，在 EPC 第 54 条中术语"state of the art"应被理解为"state of technology（现有技术状况）"，这在 EPC 的上下文中不包括贸易和商业方法中的现有技术状况。在 EPC 第 54（2）条中的术语"everything（任何事情）"将被理解为与某些技术领域有关的这类信息。

2. 基于这些考虑可见，与任何技术领域或其存在的领域不相关的事物，由于其信息特征，技术人员会希望获得任意技术相关信息，其不属于第 54 条和第 56 条上下文中考虑的现有技术状况，即使它已经在相关优先权日期之前对公众适用（理由参见要点第 8 点到第 10 点）。

13.3.4　T368/05

Citibank，综合银行账户系统。

13.3.5　T845/05

Minerva Holdings，通过分析答案和建立表格来评估申请。
关键词：
创造性——处理非技术特征
仅仅希望使手工操作程序自动化 – 显而易见的。

13.4　第 4 章：数字版权管理

13.4.1　T0953/04

Fujitsu Limited，分配软件的方法。

13.4.2　T0860/05

Fujitsu Limited，用于保护存储介质及存储于其上的数据的方法和设备。

13.4.3　T0043/06

Konica Corporation，图像数据处理系统、打印生成系统以及存储介质制作系统。

13.5 第5章:数据库和数据库管理系统

13.5.1 T701/06

Casio Computer,根据拍摄地点进行图像分类。

关键词:

根据拍摄地点进行图像分类命名的构思并没有作出技术上的贡献(理由参见要点7)。

13.5.2 T787/06

Sony,可自动进行文件汇编的服务器。

13.6 第6章:计费和支付

13.6.1 T1108/06

Visa International Service Association,电子账单支付系统。

13.7 第7章:图形用户界面

13.7.1 T928/03

Konami,交互式视频游戏中可能隐藏的图形指示器的可视化。

关键词:

交互式视频游戏中可能隐藏的图形指示器的可视化——专门处理心理过程(否)。

图形指示器的形状——仅是美学创造(是)

游戏规则要求的具体实现——技术贡献(是)

创造性(是)

13.7.2 T1188/04

Sharp,允许通过拖放来设置处理条件的图形用户界面(GUI)。

关键词：

通过在图形屏幕上直接操作来设置参数——创造性（是的——在修订之后）。

13.7.3　T125/04

比较视觉评估。传达信息的设计图表。

关键词：

通常，设计图表的任务是非技术性的。确实如此，即使图表可以证明是以一种方式传达信息，即，观看者可以凭直觉认为是特别具有吸引力、清晰或合乎逻辑的。

13.7.4　T769/92

转账传票，针对不同的处理类型使用单个输入形式。

批注：

1. 如果为了完成发明，涉及该发明要解决问题的方案的技术考量是必需的，那么根据 EPC 第52（2）（c）条和第52（3）条的规定，一项包含由软件（计算机程序）实现的功能特征的发明不被排除在可专利性之外。这种技术上的考虑赋予发明技术特性在于，它们意味着通过（隐含的）技术特征要解决的技术问题。根据 EPC 第52（3）条，这种发明不属于计算机程序本身。

2. 不排除可专利性不能被其本身排除在可专利性之外的附加特征所破坏，因为在目前的情况下，涉及管理系统和方法的特征可能会落入根据 EPC 第52（2）（c）条和第52（3）条规定的被排除在可专利性之外的"商业方法"内（随后根据混合特征建立的判例法，其中一些特征根据 EPC 第52（2）条和第52（3）条被排除，一些则不是那样被排除，而是可以被授予专利权［相反，对于最近的涉及 EPC 第52（4）条所排除发明的判例法，参见 T820/92，OJ EPO 1995，113，按照根据 EPC 第52（4）条排除的一个特征，就排除在可专利性之外可以满足所有权利要求］）。

关键词：

不排除可获得专利权的可能性——技术考量被认为导致了对本领域的技术贡献——非商业性经营本身——非计算机程序本身——非信息显示本身。

免除进一步的起诉（prosecution）。

13.7.5　T643/00

查找要输出的图像。以低分辨率并排呈现并以高分辨率分级显示的图像。

适用于计算机领域从业人员的专利法实例

关键词：

菜单项（或图像）在屏幕上的排列可以通过技术考虑来决定。这种考虑可能目的在于使用户能够管理一个技术任务，例如，以更有效或更快速的方式查找和检索存储在图像处理装置中的图像，甚至涉及心理层面上的用户评价。虽然这种评价本身并不属于依据 EPC 第 52 条所指意义上的"发明"，纯粹涉及心理活动的事实，不一定必须符合非技术性的主题，因为任何技术方案最终都是旨在提供服务工具，帮助或代替各种人类活动，包括心理活动。

13.8 第 8 章：模拟

13.8.1 T1227/05

Infineon Technologies AG. 一种用于生成随机数 1/f – Rauschens 序列的方法。

批注：

Ⅰ. 一种针对 1/f 噪声的模拟电路，构成了一个用于计算机的充分明确的技术目的，该目的使实现方法受到了功能性的限制（要点 3.1）。

Ⅱ. 计算机实现的模拟方法的特定技术应用是，它们自身被认为是现代技术方法，该方法形成了制造过程且先于实际生产的重要组成部分，主要作为一个中间步骤。有鉴于此，这种模拟方法不能仅仅根据其还没有与实际的最终产品相结合而否认其技术效果（要点 3.4.2）

13.8.2 T0421/06

Infineon Technologies AG. 根据需求驱动在一序列 1/f 噪声随机数字中生产单独随机数的方法。

计算机支持的方法是用数学步骤模拟一个在 1/F 噪声影响下的电路的行为（正）。

不确定的科学目的，但是清晰性足够（负）。

13.9 第 9 章：游戏

13.9.1 T1543/06

Gameaccount. 对靠运气的游戏增加技能方面。游戏规则和技术实现之间没有可识别的协同效应。

13.9.2　T1023/06

IGT，计算机实现的游戏过程。在屏幕上布置排列扑克牌，以允许多只手玩。

13.9.3　T336/07

IGT，具有底排面朝上递交的电子多玩家扑克。

关键词：

1. 根据 EPC 第 52（2）（c）条本身被排除的主题是技术实现这一纯粹的事实，不能形成创造性的基础。创造性只能基于这种主题特定的实现方式。为此，有必要询问，如何实现排除主题本身（例如游戏或商业方法）。（理由参见要点 2.4）

2. 对特定实现方式的考虑必须集中在与具体的实施特点相关的更进一步的技术优势或效果上，并高于和超出被排除的主题内所固有的效果和优势。（理由见要点 2.5）

3. 一套游戏规则定义了玩家之间所接受的规则框架，以及只在游戏环境中有意义的相关行为、惯例和条件。它被涉及的玩家们认为如此，并且被认为服务于明确的游戏目的。因此，这样的框架性协议是一个纯粹抽象的、精神上的构想，虽然根据这套协议用于完成游戏玩耍的方法和手段很可能本质上是技术性的。（理由参见要点 3.3.1）

13.10　第 10 章：电子学习

13.10.1　T0856/05

Novell, Inc. 用于远程学习的系统和方法。

13.11　第 11 章：医学信息学

13.11.1　Gl/04

医疗方法权利要求应当作狭义解释。

批注：

Ⅰ. 为了使与作用于人体或动物体上的诊断方法相关的权利要求的主题，归入到 EPC 第 52（4）条的禁止内容中，权利要求需包括以下相关特征：

（i）用于治疗目的的诊断，从狭义上来说代表了演绎医学或兽医的决策阶段，如同纯粹的智力活动；

（ii）作出诊断构成了上述步骤；以及

（iii）与人体或动物体特有的交互，发生在执行那些上述步骤中具有技术特性的部分时。

Ⅱ. 一个方法是否是 EPC 第 52（4）条所指的诊断方法可能既不依赖于执业医生或兽医以到场或承担责任的方式参与，也不依赖于这样的事实，即所有的方法步骤还可以或只可以通过医生或技术支持人员、患者本人或自动化系统得到实践。此外，在具有诊断特征的实质方法步骤和缺乏诊断特征的非实质方法步骤之间的上下文中，将不会有区别产生。

Ⅲ. 在 EPC 第 52（4）条下的诊断方法中，属于上述构成为了医疗目的而作出诊断的步骤中的具有技术特性的方法步骤，严格意义上必须满足"作用于人体或动物体"的准则。

Ⅳ. EPC 第 52（4）条不要求与人体或动物体相互作用的特定类型和强度；一项技术特性的上述步骤因此满足"作用于人体或动物体"的准则，如果它的表现意味着与人体或动物体的任何相互作用，则使后者的存在成为必要。

13.11.2　T542/06

BrainLab. 用于医疗程序的可视化程序指南。

13.11.3　T1814/07

Cardiac Intelligence Corp. 患者不适情况的收集和分析、整理并按优先顺序标识索引。

关键词：

在对用于医疗或诊断的系统或设备的创造性评估中，对系统或设备的技术特征作出贡献的所有特征和步骤必须作为一个整体来考虑，即使将其从系统或设备的背景中取出来，它们仍将归入 EPC 第 53（c）条之外（参见要点 3）。

13.12 第12章：数学方法

13.12.1 T1824/07

Fraunhofer – Gesellschaftzur Forderung der angewandten Forschung e. V. 用于分割和识别非平稳时间序列的方法。

第 *14* 章
结论和下一步设想

摘要

  笔者希望阅读这本书能够帮助你确定你们的全球知识产权战略,通过帮助你了解如何最优化地保护你的发明,并且不浪费资源,特别是当你的发明包含了计算机的利用。

  笔者一直在煞费苦心地指出,在保证成功的道路上能够提供(我们将留给他人)的非常有限。不过笔者能够告诉你一个明确的事实:如果不提交专利申请,你是永远不可能被授予专利权的。

  因此,如果你决定申请专利,那么除了相对廉价的知识产权(版权、设计、用于数据库的独特的权利等)之外,您还需要增加金钱和时间方面的投入到专利申请当中。最重要的训诫是:从一开始就要确保避免浪费。

  拿这本书的案例来说,选择最接近的,以便使提出专利申请的主题几乎没有机会获得专利保护的风险最小化。不要以所有专利系统的最低技术定义标准提交申请,在欧洲,对于通过标准计算机以直截了当的方式实现的商业方法,驳回将成为其申请的回报。它真的是一张非常昂贵的纸,上面载有你不可能喜欢的消息。

  在提交专利申请之前,请毫不犹豫地做一份残酷的成本/效益分析。

  你必须诚实地面对自己,在所有你想要或需要的国家,用于专利的大致成本是什么,以及你希望从申请或获得专利权中取得的效益是什么。这可能是无形的或难以根据竞争对手和市场影响进行量化的。同时也将需要更新这个分析以反映风险,该风险与你最后可能在每个有关当局获得的保护范围有关,并且这个范围在每个国家可能是不同的。

  要记住的是,至少在计算机实现发明的领域,关于什么样的现有技术可以获得专利,世界各地存在些许不协调。这就是为什么我们一直建议与专利专家

第14章 结论和下一步设想

接触求教的原因。如果你正在考虑根据不同地区的不同法律申请专利,那么,如果必要的话,请咨询不同的专利专家。

你在哪里可以找到一个很好的 CII 领域的专利执业者呢?如果你没有在该领域有经验和能够进行口头推荐的熟人,那么这可能是非常困难的。

各主要专利局都保留有授权允许在他们面前代表你的专利执业者的名单。通常这样的名单并没有指定技术专业,但它可以帮助你在你的附近找到一位专利执业者。联系其中一位,如果他在那个特定领域有一定的经验,则向他们咨询,如果没有,那么他是否可以推荐一位同事。

通常一个大的专利事务所至少有一位 CII 专家。因此,如果您的附近有一家大的专利事务所的办公室,那么去拜访他们,并请求与他们的 CII 专家见面。

另一种可能性是跟踪与你的发明相同领域的专利申请的起诉,核查执业者的姓名,如果你认为他的工作做得不错,那么联系他。需要注意的是,如果你的发明在技术上非常接近于他正在以一个竞争对手的名义从事的申请工作,那么他将不得不拒绝代表你,以避免利益冲突。

通常与发明者有关的一点是保密性,这的确是明智的关注。通常,专利执业者会立即警告你:你可以说什么以及对谁说,这归因于他们自己的保密性义务。然而,在与他人讨论之前,具体的保密协议作为一种安全机制不应被发明人所忽视,用以避免日后的混乱。

要知道,虽然在某些司法管辖区域(美国),将你的发明向其他人公开可能是"安全的"(因为有"第一发明"的文化),但在欧洲式的"在先申请"系统中,这样的公开可能被用作现有技术对抗你。有一个建议;预先告知,有备无患。

基于这本书的教导分析你的发明,并确定继续将专利申请作为一种选择的可能性。联系至少一位专利专家,你必须清楚地向他阐明你的发明是什么、你希望获得什么、你对在哪个国家进行专利保护感兴趣,并听取他将为你安排的选择。如果在起草过程中发生了一些变化,请不要感到惊讶。

你有必要阐明那儿有代表性的商业背景,以便他可以在专利起草之前,为了专利战略,帮助你在可从发明获得收入的地方开发商业案例。

例如,专利可以为一种通过加密办法传递内容的新方法提供保护,如果权利要求覆盖了加密单元,那么将有机会从该单元的提供中获得金钱;但是更可观的收益可能源自于使用内容所必需的多重解密单元的销售。因此,该专利也应该要求保护解密单元。

不能覆盖金钱存在地方的专利，无论对地理还是市场而言，都是一个昂贵的错误。因此，省略提供终端用户方的一些技术限定的权利要求，将是不负责任的。

如果你想通过国际申请（PCT申请）获得在不同国家的专利保护，那么要确保这个专利申请包含首次申请日期、全部必要的信息，这些可能是克服不同专利局将作出的不同层次和类型的反对理由所需要的。

然后希望：

接收到的检索报告将会带给你一个关于你的专利申请价值的最初指示。

在任何时候，如果你认为针对你的有实现能力的专利没有能够带给你足够的好处，你都可以决定停止和撤回你的申请，从而终止费用。

不论发生什么事情，笔者希望通过阅读这本书，你将处于一个更好的位置来讨论成功的概率。笔者希望您在决定提交专利申请以及为专利起诉投入金钱和时间之前，能够为您自身的安全遵循某些步骤。笔者也希望你现在对于如何分析主题以及专利审查员如何考虑有一些想法。

词 表

A

Abstract concept 抽象概念
Abstract idea 抽象思想，抽象概念
Adaptation 修改，改编，适应
Adding content 添加内容
Adequate specification 适当的规范
Administrative 管理（的），行政（的）
Administrative nature 管理性质
Administrative requirement 管理要求
Aesthetics 美学
Aggregation 集合
Aircraft configuration 飞机配置
Algorithm 算法，计算程序
All parts of the claim in depth 深度权利要求的所有部分
Ambiguous function 模糊不清的功能
Another "excluded matter" 另一"被排除主题"
Any other suitable recording means 任何其他适合的记录装置
Assessment 评估，评价
Auction 拍卖
Automated response means 自动应答方式
Avalanche of refusals 铺天盖地的驳回

B

Banking details 银行业务资料
Banking system 银行业务系统
Barcode 条形码
Base objection 基础（的）异议

Basic level of knowledge 基础知识水平
Battleships "超级战舰"（游戏名称）
Bilski （案件名称）
Biotechnology 生物技术
BlackBerry 黑莓（电信品牌）
Boards of Appeal 上诉委员会
Borderless Order Entry System 无国界订单输入系统
Bottom end of the scale 范围下限
Business 商业，业务，交易，经营
Business method 商业方法
Business problem 商业问题
Business strategy 商业策略

C

Case law 判例法
Circumvention of the technical problem 技术问题规避
1-Click patent 一键点击专利
Cognitive 认知（的）
Cognitive learning effect 认知学习效果
Colour matrix barcode 彩色矩阵条形码
Commercial aspects 商业方面
Commercial considerations 商业考虑
Commodities 商品
Communication infrastructure 通信基础架构
Compatible device 兼容设备
Competing buyers 竞争性买家
Computer-assisted teaching 计算机辅助教学

Computer – based training 基于计算机的训练
Computer – implemented globe 计算机实现的地球仪
Computer Implemented Inventions（CII） 计算机实现的发明（CII）
Confidentiality 保密性
Considerations being applied 申请时所考虑的
Copyright 版权
Courts or appeals 法院或上诉
Criminal act 犯罪行为
Cryptography 密码技术，加密

D

Data being handled 正在被处理的数据
Data over the internet 互联网数据
Date dependent 取决于日期
Definition of "money" "货币"定义
Design 设计
Diagnosis 诊断
Differing jurisdictions 不同司法管辖区
Digital content 数字内容
Digital goods 数字商品
Digital music 数字音乐
Digital rights 数字版权
Digital rights management 数字版权管理
Digital rights managemen（DRM） 数字版权管理
DRM concept DRM 概念
DRM scheme DRM 方案
Directive 96/9/EC 指令 96/9/EC
Disclosure 公开
Discovery 发现
Documentary evidence 书面证据
Drafted to US standards 按照美国标准起草
Duplication of effort 重复劳动

E

E – books 电子书
Education 教育
Educational globe 教学地球仪
Electronic globe 电子地球仪
Eligibility 资格
Entertain 娱乐
Essential feature 必要技术特征
European Patent Convention（EPC） 欧洲专利公约
European Patent Organization（EPO） 欧洲专利组织
Exemplary document 示例文件
Ex partes 单方面的
Ex post facto analysis 事后分析
Extend capability 扩展能力
Extending beyond the application as originally filed 超出原始提交的申请

F

Faux – technical terminology 人造技术术语
First to file 在先申请
First to invent 第一发明
Flight simulator 飞行模拟机

G

Games of chance 机会游戏
"G" decision "G" 判决
General purpose computer 通用计算机
Generic capability device 通用功能设备
Graphical user interface（GUI） 图形用户界面

H

Hardware adaptation 硬件适配
Health care 医疗保健
Hidden partition 隐藏分区

Hindsight 事后诸葛亮
Human common sense 人类的常识

I
Illness 疾病
In-depth technical knowledge 深入的技术知识
In dubio pro petitore 无罪推定
Industrial revolution 工业革命
Information 信息
Insufficiently disclosed 公开不充分
Integration 集成
Intensified gaming experience 加强游戏体验
Interactive balancing of supply and demand 交互式供需平衡
Interdependency 互相依赖
Interface of the gaming system 游戏系统接口
International patent classification 国际专利分类
Inter partes 当事人
Interplay of the clearly technical aspects 明显的技术方面的相互作用
Interpreted by the examiner 由审查员解释
Interrelation 相互关系
Inventive skill 创造性技能
IP rights 知识产权

J
Japanese Patent Office (JPO) 日本特许厅
"J" decision "J" 判决
Juxtaposition 并列

L
Lack of ambiguity 没有模棱两可的话
Lack of disclosure 公开不充分
Lack of evidence 证据不足

Lack of sufficiency of disclosure 缺乏充分公开
Learning tool 学习工具
Level of automation 自动化水平
Level of protection being sought 寻求保护的水平
Licensing 许可
Limitation 限制
Logical dissection 逻辑剖析

M
Manner of analysis 分析方式
Manufacturing process 制造过程
Marketing 营销
Marketing idea 营销理念
Mathematical method 数学方法
Mathematical modeling 数学建模
Meaningful search 有意义的检索
Medication 药物
Mere assertion 单纯的主张
Mixture of a large number of claim types 多种类型权利要求的混合体
Mobile telephone 移动电话
Model 模型
Modelling and simulation 建模与模拟
Models of actual physical resources 实际物理资源模型
Money laundering 洗钱
Multimedia message 多媒体消息

N
Nanotechnology 纳米技术
Non-technical specification 非技术性规范
No search 无检索
No technical definition 无技术定义
Novel 新颖的，新颖性的
Novel aspects 新颖性特征

O

Obvious 显而易见的，显然的，明显的
Obvious choice 显而易见的选择
Optimizing resources 资源最优化
Ordinary skills 普通技能

P

Paper and pencil 纸和笔
Paris Convention 巴黎公约
Partial problem 局部问题
Particular "constellation" 特殊"群集"
Particular function 特殊功能
Patentability "as such" 专利性"本身"
Patent classification 专利分类
Patent Cooperation Treaty (PCT) 专利合作条约
Patent practitioner 专利执业者
Payment 支付
Payment codes 支付代码
Payment scheme 支付方案
PCT application PCT 申请
Pen and paper 笔和纸
Perceived information content 感知信息内容
Perception of value 价值观念
Performance 性能，表现
Personal computers 个人计算机
Philosophical debates 哲学性辩论
Physical aspects 物理方面
Pilot certification 飞行员认证
Pilot training 飞行员训练
Pop-up windows 弹出窗口
Pre-diagnosis 初诊
Premium service 高端服务
Pre-prepared standard forms 预先准备的标准表格
Presentation of information 信息呈现
Prior art 现有技术

Priority right 优先权
Problem and solution approach 问题及解决途径
Processing overhead 处理开销
Programming 编程
Programs for computers 计算机程序
Property rights 产权
Public key 公共密钥
Public/private key 公共/私人密钥

Q

Quantum of technical definition 定量的技术定义
Query 查询
Questions and answers 问题和答案
Quiz 测试

R

Randomness 随意
"Real-world" money "现实世界"的货币
Refac 雷菲克
Refund 偿还
Regional 地区（的），区域（的）
Related to machines 与……机器相关联
Reliability 可靠性
Reservation procedure 预订程序
Respective prior art 各自的现有技术
Result to be achieved 所期望的结果

S

Scientific theory 科学理论
Secrecy agreement 保密协议
Secret key 密钥
Self-service kiosk 自助售货机
Simulation system 模拟系统
Skilled person 技术人员

Software 软件
Software adaptation 软件修改
Software patents 软件专利
Sorting 分类整理
Special technical features 特定技术特征
Specifications 规格，规范
Specific prior art 特定的现有技术
Spell checking system 拼写检查系统
Standard low – level computer 标准的低配计算机
State of the art 现有技术状况
State Street Bank 道富银行
Statutory matter 法定主题
Stock markets 股市
Structure Query Language（SQL） 结构化查询语言
Sufficiency of disclosure 充分公开
Sufficiently disclosed 充分公开
Suigeneris 独特（的）
Surgery 外科手术
Symmetric key cryptography 对称密钥加密

T
"T" decision "T" 判决
Teaching 教学，教导
Technical apparatus 技术设备
Technical aspects 技术内容，技术方面，技术特征
Technical character 技术特征
Technical character overall 全部技术特征
Technical constraints 技术约束
Technical disclosure 技术公开
Technical effect 技术效果
Technical function attributable 技术性能归因于
Technical implementation 技术实现
Technical issue 技术问题
Technical problem 技术问题
Technical savings 技术存储
"Technical sounding" terms "技术语言的"术语
Technicality 技术性
Thinking in technical terms 使用技术术语进行思考
Threshold 门槛，临界点
Totality of cause and effect 所有原因和结果
Touch – pen 触笔
Training 训练，培训
Transaction code 交易码
Treatment 治疗

U
Unexpected synergy 意想不到的协同作用
Unnecessarily considering 无需考虑
Unrelated features 特征互不相关
Update 更新，修改
User/machine 用户/机器
US Patent and Trademark Office（USPTO） 美国专利商标局
Utility 实用新型，实用

V
Vending machines 自动售货机
Venetian senate 威尼斯参议院
Very basic idea 基本的概念
Virtual capital 虚拟资本
Virtual environment 虚拟环境
Virtual screen 虚拟屏幕
Virtual world game 虚拟世界游戏

W
Width of protection sought 寻求保护范围
World Intellectual Property Organisation（WIPO） 世界知识产权组织

图 索 引

图 1　欧洲专利组织（EPO）成员国　2
图 1.1　1474 年威尼斯专利的副本　5
图 1.2　用于检测计算机运用情况的关键词　8
图 1.3　欧洲的计算机专利　8
图 1.4　美国的计算机专利　9
图 1.5　IPC 的 8 个部　10
图 1.6　G06F 9/40 的分类树　10
图 1.7　EPO 在 G06F 9/40 中的专利情况　10
图 1.8　USPTO 在技术单元 717 中的专利情况　11
图 1.9　JPO 在 G06F 9/40 中的专利情况　11
图 1.10　商业方法在欧洲的发展　12
图 1.11　美国的商业方法专利；专利　12
图 1.12　日本商业方法的发展　13
图 1.13　受知识产权保护的主题列表（WIPO）　14
图 1.14　John Wilder Tukey（普林斯顿大学图书馆）　19
图 2.1　商品销售方法　36
图 2.2　通过网络销售商品的方法　39
图 2.3　在一个服务器数据处理设备中执行的自动化销售方法　41
图 2.4　自动化销售方法　44
图 3.1　数据采集方法　48
图 3.2　同化管理信息的方法　51
图 3.3　数据处理设备　53
图 3.4　达成协议的方法　56
图 4.1　数字内容推广方法　59
图 4.2　计算机实施的推广方法　62
图 4.3　客户端－服务器数字版权管理（DRM）系统　65
图 5.1　用于从数据库检索数据的方法　71
图 5.2　用于同时访问数据库检索数据的方法　73
图 5.3　用于从数据库检索数据的方法　77
图 6.1　计费和支付方法　82
图 6.2　无卡计费和支付处理　85
图 6.3　基于计费和支付系统的彩色矩阵　90
图 7.1　用于拼写检查系统的用户图形界面　95
图 7.2　用于拼写检查系统的图形用户界面　97
图 7.3　用于拼写检查系统的图形用户界面　99
图 7.4　用于拼写检查系统的用户图形界面　102
图 8.1　计算机实现的飞机配置　107
图 8.2　计算机实现的飞行模拟机　110
图 8.3　贴地（NOE）模拟机　112
图 8.4　山地救援直升飞机（MRH）模拟机　114
图 9.1　具有显示器、存储器和处理装置的

设备　120

图 9.2　手持游戏设备　123

图 9.3　启发式海战游戏系统　126

图 10.1　交互式地球仪　134

图 10.2　计算机辅助的教学方法　136

图 10.3　交互式教学地球仪系统　138

图 11.1　用于帮助病人的计算机实现的方法　144

图 11.2　用于定义医学初诊的计算机实现的方法　145

图 11.3　用于支持医学医生的计算机化方法　147

图 11.4　用于消除患癌症皮肤组织的外科手术的方法　149

译者后记

随着科学技术日新月异的发展，越来越多领域的发明借助于计算机得以实现，因此，如何有效保护由计算机实现的方法的发明创造并获得专利授权，是当今知识产权领域不得不面对的一个问题。与此同时，在我国越来越多专利申请走出国门的今天，更加需要掌握国外的申请方式和审查规则，以便获得更好的专利保护。

本书正是针对上述问题，给予在欧洲专利局（EPO）进行专利申请的国人以可操作性解决途径的一本专利申请指导书，也是一本专利文献审查示例书。本书的作者是几位EPO审查员，他们具有丰富的专利审查经验，书中涉及由计算机实现的发明的商业方法、管理方法、数字版权管理、数据库和数据库管理系统、计费和支付、图形用户界面等多个领域，并且列举了大量典型示例，对于示例中申请人所提交的每种权利要求，都有针对性地提出了可专利性的特定问题，这些问题旨在提示申请人予以克服，从而在EPO获得专利授权。书后还给出了涉及这些专利申请的一些后续法律程序。

三位译者中有两位是国家知识产权局专利局具有通信领域丰富专利审查经验的资深审查员，一位是具有20多年计算机行业经验的高级工程师。一方面由于发现了这本优秀的书籍而欣喜若狂，另一方面由于从原著中收获颇丰而期待分享，于是我们决定共同翻译整理此书，以便让更多具有创新思想的申请人、从事相关领域专利工作的专利审查员、专利代理人从中受益，从而促进我国涉及计算机实现的发明在走进EPO时，能够得到更好的专利保护。在翻译过程中，三位译者建立了经常性沟通机制，就翻译规则、标准的统一及计算机专业疑问进行讨论，并制订出翻译工作计划。在译稿初步完成后，三位译者还就各自在翻译过程中遇到的疑难问题，进行了交叉审校，有效且很好地保证了译稿质量及专业水准。在翻译过程中，冯于迎负责第7、8、9、13、14章和索引的翻译及概念把握；冯晓玲负责前言和第2、3、4章的翻译及全书统稿；胡向莉负责第1、5、6、10、11、12章的翻译。

更加令人欣喜的是，本书不仅被列入国家知识产权局专利复审委员会的重点出版工作项目"知识产权经典译丛"之一，而且入选"2015年度国家出版基金"资助项目，这极大地激励了译者的工作热情和翻译信心。

译者后记

另外，本书能得以顺利出版，如期与读者见面，与知识产权出版社有限责任公司责任编辑卢海鹰及其工作团队的专业、细致、认真的工作密不可分。我们还要特别感谢可为编辑、胡文彬编辑为书稿的初审、复审付出的辛苦工作，他们对书稿做出的专业性修改，不仅进一步提高了本书的质量，而且展示了良好的专业精神和水准。

诚然经过上述所有人的努力，本书仍会存在需要进一步完善之处，恳请各位读者不吝赐教。

冯于迎　冯晓玲　胡向莉
2015 年 11 月 2 日